El ciclo de la iluminación

Doce conferencias de Rama - Dr. Frederick P. Lenz

El

ciclo

de la iluminación

Las grabaciones de audio correspondientes a este libro, así como otros libros, música y publicaciones relacionadas las enseñanzas del budismo americano de Rama - Dr. Frederick P. Lenz, están disponibles a través de la tienda en línea de la Fundación Frederick P. Lenz para el budismo americano: *www.fredericklenzfoundation.org.*

Nota del editor: Estas conversaciones han sido ligeramente modificadas con el fin de mantener la calidad extemporánea de expresión.

El ciclo de la iluminación

Doce conferencias de Rama - Dr. Frederick P. Lenz

El ciclo de la iluminación

Publicado por
The Frederick P. Lenz Foundation for American Buddhism
9899 Santa Monica Blvd., PMB 180
Beverly Hills, CA 90212
www.fredericklenzfoundation.org

Primera edición, octubre, 2002
Impreso en los Estados Unidos de América

ISBN 978-1-932206-13-5

Diseño de portada: Janis Wilkins
Fotografía del Dr. Lenz: Greg Gorman
Traducción al español: Roger Cantu

Vengo al mundo para servir a todos los seres que buscan conocimiento, poder, iluminación; que buscan crecer, evolucionar, desarrollarse; que quieren divertirse más con su vida y experimentar la profundidad del ser; que quieren hacerse más conscientes en su poco tiempo en una forma encarnada. Soy un maestro.

--- Rama – Dr. Frederick P. Lenz

ÍNDICE

Introducción

El Buda enseñó que hay tres clases de generosidad. La primera es la generosidad de lo material —la de dar cosas, tales como riquezas o posesiones. La segunda, es la generosidad de proteger a los seres vivientes de lo que los atemoriza— principalmente de las lesiones y de la muerte. Y la tercera es la forma más alta de generosidad, también llamada la de, "dar aquello que es sublime", es decir, el regalo del dharma —de la verdad. Rama – Dr. Frederick P. Lenz, enseñó el dharma infatigablemente a lo largo de su vida.

Desde principios de los años 1970s, cuando empezó a ofrecer instrucción sobre yoga y meditación, hasta marzo de 1998, cuando formalmente anunció el fin de su ciclo de enseñanza, el Dr. Lenz creó un vasto y original cuerpo de enseñanza budista, extrayéndolo de varias tradiciones. Aunque llegó a instruir más de 100,000 personas en Estados Unidos, Europa y Canadá, prefirió trabajar con un grupo más pequeño de estudiantes. En 1992, aproximadamente 500 personas se habían inscrito en su programa de seminarios y se reunian con él mensualmente en sesiones formales al estilo de conferencias.

El Dr. Lenz constantemente buscaba aumentar la evolución espiritual de sus estudiantes. A principios de 1992, se dio cuenta de que era hora de que sus estudiantes empezaran a enseñar meditación por sí mismos. Para ayudarlos a que tuvieran éxito, creó un recurso de instrucción, *"El ciclo de la iluminación"*, que es un conjunto de doce grabaciones con 10 enseñanzas centrales —*"Meditación"*, *"Budismo"*, *"Poder"*, *"Balance"*, *"Sabiduría"*, *"Iluminación"*, *"Felicidad personal"*, *"Reencarnación"*, *"Éxito profesional"* y *"Milagros"*. Las enseñanzas centrales sirvieron como un curso básico de budismo americano.

Las grabaciones de *"El ciclo de la iluminación"* son importantes de varias maneras. El primer punto significativo es su complejidad y paradójicamente —su sencillez. Aunque los discursos de *"El ciclo de la iluminación"* fueron diseñados abiertamente para beneficiar a los principiantes en meditación y budismo, cada uno presenta todo un espectro de sofisticación y amplitud. Los discursos son un compendio y una condensación de conocimiento que representan un enorme cuerpo de sabiduría.

Debido a que se presentan como platicas iniciales, con su amplitud de conocimiento los discursos de *"El ciclo de la iluminación"* dejan claro que el Dr. Lenz estaba dictando un programa avanzado de yoga budista. Sí, el programa estaba abierto a los principiantes, pero a principiantes listos para avanzar rápidamente desde los grados elementales hasta la escuela secundaria, la universidad y los niveles de postgrado. En otras palabras, un progreso gradual no era la frase operativa de la escuela de iluminación del Dr. Lenz. Brincos, saltos, avances, transformaciones —son las palabras que describen las experiencias de sus estudiantes.

Otro punto significativo de estas charlas es su brevedad. Cada discurso tiene casi la misma longitud y todos son relativamente cortos. Los discursos reflejan las enseñanzas del Dr. Lenz sobre la "compactación" —la compresión y reserva de quietud, energía, conocimiento, fortaleza física— para lograr tremendos avances. Este conjunto de charlas, que son el trabajo de un maestro maduro que ha experimentado varias maneras de enseñar a los occidentales, tienen almacenado un conocimiento compacto. Mientras que cada discurso cubre muchos temas, cada uno tiene un potente núcleo de sabiduría que crece cada vez que se lee o se escucha.

El orden de los discursos también es significativo. Ellos representan las enseñanzas del Dr. Lenz en una secuencia que consideró como la más conducente al aprendizaje. Le asignó números al conjunto principal de diez pláticas, empezando con *"Meditación"*. Este es el primer título porque la meditación es el componente clave del budismo —un tema que el Dr. Lenz enfatizó continuamente.

"Meditación" presenta una técnica que el Dr. Lenz consideró como la práctica de meditación más útil para los practicantes occidentales del siglo veintiuno. Al leer o escuchar

sus discursos anteriores, aprenderás otros métodos de meditación, todos los cuales son beneficiosos. La técnica de meditación que se describe en el capítulo sobre *"Meditación"* de las serie de *"El ciclo de la iluminación"* es, sin embargo, el método que él finalmente recomendó como piedra angular de la práctica inicial e intermedia.

La segunda grabación de la serie, *"Budismo"*, explica los puntos de vista prácticos del Dr. Lenz sobre este tema:

> *"El budismo —el yoga— es una práctica. Se trata de que tengamos una forma de uncir o unir la mente a esa realidad eterna, y al mismo tiempo, ver este mundo y todos los mundos como partículas de esa realidad. El budismo se trata de la manera de vivir una vida bien cimentada, feliz y divertida; de actuar con energía y de ser buenos en todo lo que hagamos, mejorando constantemente. Trata de cómo utilizar el poder total de la mente, el cuerpo y espíritu —de tus emociones, y todo— para disfrutar la vida, y experimentar sus múltiples facetas... La práctica esencial en el camino corto del budismo es la meditación".*

La obtención y pérdida de poder es otro tema recurrente en las enseñanzas del Dr. Lenz. En la tercera grabación de la serie, *"Poder"*, explica:

> *"El budismo, el yoga, es el estudio de la percepción, y lo que es más peculiar de la percepción es el poder —el poder de existir, de percibir, y el poder de cambiar la percepción. Un aspecto del budismo se ocupa exclusivamente del poder —cómo obtenerlo, almacenarlo y utilizarlo inteligentemente, de manera que cree beneficio para uno mismo y para los demás".*

El Dr. Lenz entrelaza los temas de la meditación, el budismo y el poder a lo largo de los diez discursos de enseñanzas centrales. Para quien busca la iluminación todos los diez discursos son igualmente importantes.

El onceavo discurso de la serie, *"Meditación intermedia"*, provee un consejo esencial a cualquier persona que haya practicado la meditación alguna vez. A pesar de su título, las guías que se presentan en esta discusión son útiles tanto para el principiante como para el estudiante avanzado.

El doceavo discurso, *"El ciclo de la iluminación"*, describe el arrobamiento de la iluminación desde el punto de vista de alguien que lo ha experimentado:

> *"La iluminación es la conciencia completa de la vida sin modificación mental alguna. Es luz perfecta, luz que siempre ha existido, que existe ahora y siempre existirá. Es el núcleo y centro de todas las cosas, y está en todas las cosas y más allá de todo".*

En los discursos de *"El ciclo de la iluminación"* el Dr. Lenz infunde poder al lector o al oyente con la energía de la iluminación misma.

Con estos discursos, el último conjunto de enseñanzas formales que grabó, el Dr. Lenz creó un paradigma para la enseñanza del budismo en el Occidente.

El

ciclo

de la iluminación

1. Meditación

La meditación es un proceso de extender tu conciencia. Cuando meditas, entras en contacto con la parte más profunda de tu ser. Desde tu propio punto de vista sabes lo que es correcto, lo que está mal, lo que debes hacer o no hacer en cualquier situación. La meditación te fortifica, te hace fuerte, consciente, feliz, y con el tiempo, iluminado. La meditación es el proceso de silenciar tus pensamientos.

Más allá del mundo del pensamiento y de las impresiones sensoriales hay planos y dimensiones de luz perfecta, conocimiento y perfección radiante. La meditación es simplemente un proceso de trasladar tu campo de conciencia, de la conciencia de este mundo, de la conciencia del tiempo y el espacio, a la eternidad, a las dimensiones eternas.

El mundo que ves a tu alrededor es principalmente físico. Se percibe por medio de la vista, el gusto, el olfato, el tacto y la sensibilidad. Se analiza también por medio del pensamiento, se siente mediante la emoción, se recuerda por la memoria, se anticipa por medio de la proyección y se experimenta como el ahora. Pero hay diferentes modos y niveles de percepción con los cuales no están familiarizadas la mayoría de las personas. Existen universos diferentes, universos astrales y por encima de éstos, planos de luz y más allá de los planos de luz, el nirvana mismo —la iluminación perfecta, la esencia y nexo de todas las cosas.

La meditación se trata de volverte consciente de quien eres, ser feliz, relajarse, disminuir el paso, disfrutar y aprender a sonreír. También tiene que ver con cosas muy profundas que son difíciles de expresar en palabras —la belleza, ser excelentes en todo, encontrar esa parte perfecta de tu mismo, superar tus tendencias destructivas, vencer a la depresión, la ansiedad, el nerviosismo, los temores de todas clases y descripciones. Es acerca de ser feliz, ser consciente, ser libre, y por encima de todo ser lo que realmente eres, lo cual es algo que la mayoría de la gente ni siquiera tiene consistente conciencia de ello.

La meditación es conciencia eterna. El ápice de la meditación es normalmente simbolizado por el Buda, una persona que unce su mente —por medio de la práctica del yoga, la meditación, el budismo— con la luz más alta del universo. Ellos la experimentan en un estado llamado samadhi. El samadhi es una completa experiencia de conciencia cósmica. Es como escalar la cumbre de los Himalayas y ver ahí arriba las cordilleras, las montañas allá arriba —una experiencia realmente sin paralelo. Lo cual no se puede expresar con palabras. La meditación es un viaje, un viaje al otro lado. El otro lado no puede ser explicado —los mundos místicos, los mundos intemporales, milagrosos mundos de luz. Pero, indudablemente, esos mundos ciertamente pueden ser experimentados por ti. Por lo tanto, esta charla se trata de cómo meditar.

La meditación es esencialmente un proceso maravillosamente fácil, a menos que vivas en esta época, en cuyo caso es difícil. O tal vez sea difícil. La meditación consiste en tranquilizar y acallar tu mente, y si la tierra no estuviera tan superpoblada y no fuera tan tóxica, esto sería muy fácil de hacer. La mente no es naturalmente tan activa. Pero hay dos factores que debes tomar en consideración: un planeta lleno de gente y el hecho de que todos somos psíquicos.

Cada ser humano tiene un aura. El aura es el cuerpo de energía que rodea tu cuerpo físico. Tu cuerpo de energía emite impresiones similares a las ondas de radio, de onda corta y de onda larga, y tú sientes esas impresiones. Tú sientes los pensamientos y los sentimientos de otras personas, especialmente de aquellas personas cercanas a ti, física o emocionalmente. Tú estás abierto a ellos. Pero también sientes las vibraciones de las personas en tu vecindario, en la escuela, en donde trabajas, por donde conduces el auto, en tu ciudad, estado, país y planeta. En particular, sientes las vibraciones a un radio de 100 millas alrededor de tu cuerpo físico.

Todos somos psíquicos. Aunque la gente no lo sabe. Ellos piensan mucho, se preocupan mucho. Se encuentran atrapados por emociones infelices. No son lo suficiente serenos. No son lo suficientemente sabios y serenos para ver que el noventa por ciento de lo que piensan y sienten es ajeno a ellos. El noventa por ciento de lo que tú piensas y sientes, no son tus propios pensamientos y emociones. Son de otros, de muchas otras gentes.

Siempre recuerdo de un episodio de la serie de televisión *"Viaje a las Estrellas" (Star Trek)* en el que Spock le explica al Capitán Kirk que la gente viaja a Vulcan de otros planetas, no tanto para aprender a ser psíquicos, sino que, ya teniendo habilidades psíquicas, vienen a aprender cómo bloquear las impresiones psíquicas. Esto es lo que los psíquicos avanzados les enseñan. En Vulcan, les enseñan cómo mantener los pensamientos de otras personas fuera de su mente. Kirk pensaba que la gente iba ahí, por supuesto, para aprender a ser psíquicos. Ese no es el problema. Todos son psíquicos. La dificultad es mantener tus propios pensamientos y sentimientos. Porque si no, no es posible que sepas quien eres, y que es lo importante para ti, y terminaras haciendo cosas, pensando cosas, queriendo cosas, temiendo cosas, que no tienen nada que ver contigo. Son las ideas, pensamientos y sentimientos de alguien más. Es absurdo. Pero todo el mundo lo hace.

Por lo tanto, la meditación es un proceso para no hacer eso. Es un proceso de no hacer. Consiste en estar serenos, estar centrados, tener claridad, ser felices, estar orgánicamente en contacto con la luz universal, desarrollar partes de ti mismo que son desconocidas para la mayoría de la gente, partes muy poderosas, partes muy hermosas, partes muy fuertes. Los billones de gente en este superpoblado planeta emiten tanta energía, y tanta de esa energía es infeliz, que hacen que las mentes de todos estén inquietas.

Todo el mundo está pensando todo el tiempo, todos se encuentran estresados, no pueden calmarse, no pueden sentir lo que yace más allá de esta dimensión. Normalmente es muy fácil hacer esto. Si no me crees, sal caminar por el bosque. Encuentra un agradable camino arbolado por donde no haya andado mucha gente, donde no haya muchas impresiones. Sal de paseo. Has una caminata. Y te darás cuenta de que tu mente, si la observas, se silencia. No piensas mucho.

Ahora vámonos de ahí y camínenos por la calle de una ciudad. Maneja por una carretera y camina por un edificio. Si empiezas a examinar tus pensamientos, observaras que cambian del lugar donde estas a hacia el otro lugar. En otras palabras, recibes cierta influencia. Entra en un cuarto con gente infeliz y encontrarás que te deprimes, tu energía bajara por la influencia de los otros. Ve a un lugar done halla gente feliz y te darás cuenta de que te energía subirá.

Entonces, si viviéramos en un planeta donde todos fueran felices y progresistas, y que no estuviera superpoblado —cada día más—, sería muy fácil meditar, muy fácil sentir la infinitud, estar en armonía con nuestro ser espiritual. Pero ese no es el caso. Y cuando meditas, en particular, y cuando reduces la velocidad de tus pensamientos, te vuelves más sensitivo. Te haces más psíquico, porque estas despojándote de pensamientos e impresiones de este mundo de manera que podrás sentir el otro mundo y sentir los mundos perfectos de luz que existen más allá de este plano.

Es algo difícil meditar en esta época, pero en breve, he encontrado una manera de hacerlo para que te resulte fácil. Esto es meditar con música. He creado varios álbumes de música, dos en particular, concebidos para meditar. Hay uno para meditar en la mañana y otro para la noche. Hay 15 canciones en cada álbum. Cada canción es de cerca de cuatro minutos. Cada álbum está diseñado para proveer una meditación matutina o una meditación para la noche. El álbum *"Iluminación"* (*Enlightenment*) fue creado para la meditación de la mañana. *"Cañones de luz"* (*Canyons of Light*) para la meditación de la noche.

Para meditar, todo lo que necesitas hacer es sentarte con las piernas cruzadas, sobre un tapete, o fuera en el pasto o en otro sitio donde te sientas bien, o siéntate en una silla. Pero tu espalda debe estar derecha. No te acuestes. Cuando te acuestas es casi imposible meditar, porque tu cuerpo se relaja demasiado y te da sueño. Lo mejor es estar muy alerta al meditar. Es buena idea lavarse las manos y la cara, o si es la meditación de la mañana, tal vez levantarse, bañarse, tomar una taza de té, café o cualquier bebida que te despierte. Siéntate, relájate y si esta es la meditación de la mañana escucha el álbum *"Iluminación"*.

Cada una de las 15 canciones ha sido compuesta alrededor de una dimensión y todas están en orden ascendente. El álbum de la mañana te ofrece una experiencia de 15 dimensiones superiores de luz que proporcionan energía, visión interior y poder para salir y tener un día maravilloso. El álbum de meditación para la noche, *"Cañones de luz"*, se refiere a otras 15 dimensiones a las cuales es más fácil entrar durante la noche, y subirás en ellas muy alto. Es más fácil meditar en la noche porque en ese tiempo la gente calla. Todos se serenan. Van a casa y se duermen. Y las dimensiones que están disponibles —algunas es más fácil entrar durante la noche, otras por la mañana. El álbum de *"Iluminación"* tiene una hora de duración. Si eres nuevo a la meditación, posiblemente queras meditar sólo media hora hasta que tomes el ritmo y aumentes tu resistencia, y después hazlo por una hora. Una hora es excelente.

Por lo tanto, puedes sentarte por la mañana, tocar el álbum y escuchar. Zazen, es el nombre del grupo musical compuesto por mí y tres de mis estudiantes. Zazen es una palabra japonesa. Significa sentarse en silencio, para escuchar, para estar conscientes de todo y de nada y de lo que está más allá de ambos. Zazen también es, en el budismo zen, meditación al estar sentado.

Si te sientas, si haces que calle tu mente, si estas quieto y escuchas la música, la música hará dos cosas. La primera, es que provee una clase de manto áurico. La energía de la música es muy alta. Yo me he elevado a niveles de conciencia muy altos, dentro de samadhi, para introducirle cierto poder a la música en su totalidad. Y cuando tocamos la música, su energía es tan alta que bloqueara los pensamientos e impresiones de la gente de este mundo, de modo que estemos —seguros. Es como si estuvieras sentado en un ambiente prístino, en un hermoso lugar de poder sin impresiones. Es muy fácil tocar los otros mundos. Pero, en segundo lugar, todas las canciones están en grupos de cinco. En otras palabras, hay tres grupos de cinco canciones en cada álbum. Las canciones hacen referencia a cada chakra en particular.

Una palabra acerca de las chakras, los centros de energía, el cuerpo sutil y los portales al infinito. Tenemos tres meridianos primarios en el cuerpo. Tenemos un cuerpo de luz, también conocido como cuerpo sutil o cuerpo astral, que rodea al cuerpo físico. Está compuesto de una red de filamentos o fibras de luz, y esas fibras se unen en los lugares que llamamos chakras. Hay siete chakras primarias, que van desde la base de la espina dorsal hasta la parte superior de la cabeza. Están conectadas por tres tubos nerviosos astrales, el más largo de los cuales es el sushumna, y luego están la ida y la pingala. La chakra base, la chakra raíz, que es donde la energía del kundalini se encuentra en reposo, está en la base de la espina dorsal. Alrededor del área de los órganos sexuales está la segunda chakra. La tercer chakra está alrededor del área del ombligo, aproximadamente una pulgada hacia abajo.

Las chakras no están en el cuerpo físico, sino que corresponden a estos puntos. Están en nuestro cuerpo de energía. Las tres chakras inferiores son las chakras del poder, y cuando empezamos a meditar, debemos hacerlo primero en el centro del ombligo. Al meditar en el centro del ombligo elevamos el chi, el kundalini, desde los centros inferiores. Se elevará a partir de los dos centros inferiores, y es muy fácil entrar en el centro del ombligo y hacer subir el poder a ese sitio.

Entonces, con las primeras cinco canciones del álbum de la mañana o de la noche medita en el centro del ombligo. Simplemente mantén tu atención ahí —siente el área alrededor del ombligo, como a una pulgada hacia abajo del mismo. Si no has hecho esto nunca antes, y si eres nuevo a este proceso, simplemente coloca la punta de los dedos de la mano derecha o izquierda alrededor de una pulgada hacia abajo del ombligo y presiona suavemente.

Ahora cierra los ojos y siente ese punto. Las primeras veces que medites de este modo puedes mantener los dedos ahí si eso te ayuda. Realmente no es necesario visualizar nada. No es necesario mantener una imagen en tu mente. Simplemente siente ese punto. Cuando te hagas más hábil en la meditación, no tendrás ningún problema en sentir ese punto, porque alrededor de la chakra habrá ondas de energía tremendamente bellas, de energía del kundalini, alrededor de la chakra. Pero al principio, a veces es provechoso colocar los dedos ahí —muy suavemente.

Mantén tu atención en el área del ombligo y escucha las cinco canciones. Cada canción es muy diferente —las primeras cinco— están diseñadas en orden ascendente. Hacen referencia a diferentes planos de luz, y tu asciendes de una hacia la otra —tu asciendes por la escalera de luz solamente al escucharlas. Luego, cuando hayan terminado las cinco canciones, mueve tu atención al centro de tu pecho. La siguiente chakra hacia arriba se llama la chakra del corazón. Está en el centro del pecho. Si mantienes ahí tu atención, será lo mismo. Si lo deseas, puedes poner ahí los dedos y aplicar un poco de presión. Mantén tu atención en el centro del pecho, presiona muy suavemente y escucha las cinco canciones siguientes.

El centro en el pecho, la chakra del corazón, y la chakra arriba de esta, el centro la garganta en la base de la garganta, son los centros del balance y la felicidad. La chakra del corazón, el más fácil de activar, y activara el centro de la garganta a la misma vez. Si mantienes tu atención ahí durante cinco canciones, sentirás una tremenda felicidad, brillantez. Tal vez veas colores vívidos. Tal vez tengas sensaciones de ligereza. Pero si simplemente escuchas profundamente, detendrás tu pensamiento. Lo mismo ocurrirá con el centro del ombligo y con el tercer ojo.

Después de haber escuchado cinco canciones —ya has pasado por diez— y te has elevado a un plano de energía mucho más alto, escalando las celosías de luz, de dimensiones —mantén tu atención en el tercer ojo. El tercer ojo, que está situado entre las cejas y un poco más arriba, la chakra agni, es el centro del conocimiento. El tercer ojo y el centro de la corona, situado éste en la parte superior de la cabeza, son los centros del conocimiento.

Los tres meridianos son de poder, balance, que es felicidad, y conocimiento o sabiduría. Cuando los reúnes a todos juntos, estas completo.

Hay cinco canciones —las últimas cinco— que hacen referencia a las chakras más altas. Simplemente escúchalas y mantén tu atención en el tercer ojo. Cuando entren o salgan pensamientos de tu mente, ignóralos. Simplemente escucha la música. No te sientas frustrado si tu mente esta agitada. Hay mucha energía en este mundo, y debes tener paciencia para aprender a meditar.

Lo que está pasando cuando escuchas cada canción —las primeras cinco canciones son para el centro del ombligo, las siguientes cinco para el centro del corazón y el tercer grupo de cinco para el tercer ojo— es que estás elevando el kundalini por medio de la concentración. Las chakras son portales a dimensiones diferentes, a diferentes planos de iluminación. A medida que mantienes tu atención en ellos, la energía del kundalini que está en la base de la columna vertebral gradualmente sube —primero al centro del ombligo, luego al centro del corazón y luego al tercer ojo.

El centro coronario es un poco diferente. No está conectado a los otros centros. Cuando se abre, entras en samadhi, a estados de atención muy avanzados. Toma muchos, muchos años de práctica para activar el centro coronario, por lo tanto yo no estaría muy preocupado por eso en este momento. Con el tiempo, elevando el kundalini al tercer ojo liberara una tremenda cantidad de energía, de claridad y belleza en tu vida. Tu mente se aclara. Tu vida se centrara. Podrán utilizar aspectos superiores de la mente, tener experiencias dimensionales internas —y aprenderás a ser un poco más ingenuo y a sonreír incluso en las situaciones muy difíciles. Obtendrás conocimiento y poder. Toda clase de cosas maravillosas ocurrirán simplemente por meditar en estas tres chakras acompañados de la música.

Como lo he mencionado, hay un álbum para meditar en la mañana y otro para meditar en la noche. De manera óptima, debes hacer una meditación de una hora por la mañana y otra de una hora por la noche —aunque no necesariamente al principio. Al principio, es suficiente que trates de meditar en la noche por media hora de vez en cuando, o todos los días, o en la mañana. Pero a medida que tengas progresivamente mejores experiencias con la meditación, encontraras que es bueno meditar por la mañana. Cuando meditas por la mañana después de levantarte, energizas tu cuerpo, lavas todas las energías que has recogido cuando estabas muy sensitivo y tus defensas estaban bajas —es decir, durante el sueño. Aclararas tu mente. Ganaras poder mental, control, y liberaras una gran cantidad de energía por las chakras, tendrás experiencias dimensionales internas —y obtenemos una felicidad tremenda.

Luego durante el día, se podría decir que tu sistema inmunológico áurico estará muy fuerte. Te será más fácil mantener impresiones y pensamientos negativos fuera de tu mente. Tu mente estará clara y fuerte. Te irá realmente bien en los estudios, deportes, en el trabajo, o simplemente divirtiéndote. Serás más creativo, equilibrado —en vez de ser como esas personas que simplemente pasan el día sin energía y sin claridad y a duras penas lo terminan— tu podrás estar en control de todas las cosas, y al mismo tiempo ser feliz.

Entonces, durante el día, después de tu meditación matutina, deberás practicar la atención completa. Es como un juego que puedes practicar a lo largo del día. Todo el día, después de la meditación de la mañana, cuando vengan pensamientos a tu mente —emociones, sentimientos— date cuenta de que la mayoría no son tuyos. Simplemente rechaza todo lo negativo, todo lo infeliz, lo airado, lo celoso, lo sospechoso, todo lo que te haga infeliz y destruya tu calma interior y el balance interno que habías obtenido con la meditación de la mañana. Rechaza todo eso, empújalo hacia afuera. Obtenemos chi interno o poder personal para hacer esto gracias a la meditación matutina. Si continuas haciendo esto, finalmente te darás cuenta que estarás feliz en todo momento. Después de cierto tiempo, tu mente filtrará automáticamente esos pensamientos e impresiones negativas que recoges de otras personas, sin tener que pensarlo mucho.

Así pues, cargamos nuestra batería áurica por la mañana con una buena meditación. Luego en la noche, al atardecer, o cuando llegues a casa al final del día, medita de nuevo. Toma una ducha. Tal vez sal a correr —o has cualquier otra cosa que funcione para ti— y medita. Escucha el álbum *"Cañones de luz"*. Es una grabación hermosa. Cada una de las canciones hace referencia a un lugar de poder en el Suroeste de los Estados Unidos, a un vórtice interdimensional de poder.

Y durante el día, por supuesto, habrás gastado gran parte de la energía de la meditación matutina, y habrás recogido impresiones. Entonces siéntate. Medita. Relájate. Disfrútalo. Siéntete calmado. Enfocado. Se hermoso. La eternidad está a tu alrededor y dentro de ti. No tengas miedo. Sólo hay felicidad más allá de este mundo —la felicidad, la felicidad infinita del nirvana y del espíritu. Relájate. Confía en la vida un poco. Lo que vemos aquí es sólo un parpadeo. Esta vida viene y se va muy rápidamente. Hay mucho más que todo esto, y es mucho mejor.

Escucha el álbum *"Cañones de luz"*. Permite que la música te guíe y te lleve por las 15 dimensiones a las que hace referencia. Empieza con el centro del ombligo —cinco canciones ahí; luego las siguientes cinco canciones para el centro del corazón; y las siguientes cinco para el tercer ojo. Recuerda, la clave para tener éxito en la meditación es disfrutarla, no luchar con el pensamiento, sino simplemente escuchar la música.

Si todo fuera ideal, normalmente aprenderías a meditar con un maestro iluminado como yo. Vendrías a sentarte, y vendrías a ver a tu maestro dos veces al día en la mañana y en la noche. En la mañana, meditaríamos juntos. Cuando un maestro iluminado medita, es algo muy poderoso. Sus auras obtiene una gran carga, y a medida que el poder puro de sus mentes pasan de una chakra a otra, de una dimensión hacia arriba a los planos de luz y entran al samadhi, a la iluminación y el nirvana —a medida que hacen esto, y si tu mente es sutil del todo, y has practicado la meditación un poco, el poder de sus auras te elevará junto con ellos, de un plano mental a otro.

Así es como realmente aprendes a meditar. Es decir, no puedes saber dónde están esos planos —cómo llegar a ellos— simplemente intentándolo tú mismo. Por lo tanto, los maestros iluminados están ahí para que puedas meditar con ellos y ellos puedan trasladar tú mente de un plano a otro. Luego podrás practicar por tú propia cuenta y aprenderás cómo volver por ti mismo a esos estados de atención, a esos maravillosos mundos de luz.

Normalmente meditarías con tu maestro en la mañana y más tarde en la noche, y él te elevara a los planos superiores. Y haciendo esto repetidamente, día tras día, mes tras mes, tu aprenderías —de la misma manera que por medio de repetidos ejercicios en las artes marciales, aprendes los movimientos y técnicas necesarias— tu aprenderás a meditar.

Lo que he hecho es crear dos álbumes. Hay otros, pero estos dos en particular, *"Iluminación"* y *"Cañones de luz"*, son como tener un maestro iluminado privado. He infundido cada álbum con la luz de la iluminación y con una cantidad tremenda de kundalini. La composición de esta obra, se originó en realidad en 30 dimensiones diferentes. Y cada canción es en realidad —aunque no puedo explicar cómo se ha hecho— pero digamos que cada canción está ligada a cierto punto de acceso dimensional. Por lo tanto, cuando escuchas las canciones, el nivel se encuentra ahí de un universo particular, de un plano muy alto, y te elevarán si tan sólo las escuchas —a dimensiones superiores, de la misma manera que sería si estuvieras meditando conmigo o con otro maestro iluminado.

Cuando escuchas la música, esencialmente estás sentando con un maestro iluminado y meditando con él. El maestro mantiene cierto plano por cuatro minutos y tú lo experimentaras mientras te enfocas en una chakra y luego pasas de un chakra a la otra. Gradualmente el kundalini sube desde la base de la columna vertebral hasta el tercer ojo, abriendo las chakras, en la mañana y por supuesto en la noche.

Después de meditar, después de terminar la sesión, siempre inclina la cabeza. Si estás sentado con las piernas cruzadas, si puedes, toca el piso con la cabeza. Si no, pierde algo de peso y haz algunos ejercicios para hacerte más flexible. Si estás sentado en una silla, inclina ligeramente la cabeza. Simplemente queremos ofrecer nuestra meditación al universo. Y mantente tranquilo por un par de minutos. Relájate. Nunca juzgues o analices la meditación. Simplemente hazla. Enfócate tan intensamente como puedas en las chakras mientras meditas.

Algunas sugerencias —evita comer mucho antes de meditar. Tu cuerpo se sentirá pesado. Es lo mismo que comer antes de hacer ejercicio. No es bueno. Relájate. No vas a aprender a hacer esto en un día, pero cada vez que medites y simplemente escuches la música te elevará muy alto. Tendrás una bella experiencia. Cuando entren pensamientos a tu mente o salgan de ella, ignóralos. Si tienes experiencias, como ver luces, colores, sensaciones de ligereza, u otras por el estilo, o si un repollo te crece en la oreja, no te preocupes. Ignórenlo (Rama ríe). Las experiencias vienen y van durante la meditación: déjalas ir y venir. Lo que importa es que te concentres en cada chakra sin ninguna distracción. Otra sugerencia —desconecta el teléfono antes de meditar. Parece que todo el mundo trata de llamar cuando empiezas a meditar. Pon la música y escúchala.

Zazen quiere decir sentarse, escuchar. Estás escuchando la iluminación, los universos, los planos de la mente. Estás sentado con un maestro iluminado, con la iluminación, más específicamente. Deja que la iluminación fluya a través de ti, que te purifique, que te clarifique. Con la práctica, mejorarás mucho. Al principio, la música puede distraerte un poco. Sin embargo, la música es muy pura. No solamente es interpretada por algunos de mis estudiantes, y producida y compuesta por todos nosotros. Sino que, además, después de que la música está hecha yo tomo mi aura y paso a través de ella y extraigo todas las impresiones humanas, de manera que quede absolutamente limpia. Es música perfecta en términos de conciencia. Y no es mala del todo. Trabajamos duro en ella, realmente lo hicimos, para toda la gente, de manera que todos pudieran tener una bella experiencia.

Así pues, escucha la música. Medita. Relájate y deja que te lleve hacia el mundo de luz, más allá de los pensamientos de otras personas, de las ideas de otras personas e incluso de las tuyas propias. Existe el nirvana. Existe la iluminación. Más allá de este mundo, y más allá de todos los mundos, hay algo perfecto y real. Las comedias, las tragedias que actúan ante nosotros en esta tierra no duran. Nosotros somos espíritus eternos. Nosotros continuamos existiendo. Los eventos vienen y van, pero los planos de luz y el nirvana siempre estarán ahí.

Si quieres aprender más acerca de la meditación y la iluminación, debes encontrar un maestro que sientas que es equilibrado, poderoso, conocedor, iluminado y jovial. Si no tiene buen humor no es iluminado. Confía en la vida. Confía en que siempre te guiará a hacer lo correcto. Y se bondadoso. Se compasivo. Toma tiempo para ayudar a los demás y ayúdate a ti mismo. Sé paciente. Si meditas, o como Rama siempre dijo, si meditas y corres todos los días, podrás hacer cualquier cosa. Si corren unas millas y meditas todos los días, estarás bien. Esa es mi opinión. Pero aún si no corres, haz algo de ejercicio en cualquier forma que quieras. Medita todos los días, y tu vida será mejor. Serás feliz, libre, tendrás éxito, y con el tiempo crecerás en la luz pura y perfecta, en el mundo de la iluminación, y simplemente no hay nada mejor que eso.

Por lo tanto, por favor disfruta la música. La hemos hecho para ti. Disfruta las grabaciones. Y crece, desarróllate y siempre mantente optimista. Siempre se positivo. E ignora a aquellos que no lo son porque obviamente están confusos y fuera de contacto con la luz.

2. Budismo

Budismo. Para mí o para cualquiera otra persona es presuntuoso hablar del budismo, debido a que es tan vasto, tan completo, y a que tiene tantos aspectos. Por lo tanto, sin ser presuntuoso, voy a hablar de budismo.

Soy un maestro iluminado y mi nombre es Rama. He estado enseñando budismo en muchas encarnaciones y lo enseño en esta encarnación. Pero nadie realmente enseña budismo. El budismo es una forma de vida. Es yoga. Y lo practicamos. La gente puede vernos practicándolo, puede aprender a practicarlo viendo, observando, escuchando y volviéndose sensitivos. Pero pienso que es algo que la vida nos enseña. Somos maestros. Somos necesarios, pero la vida es el verdadero maestro, y debes recordar esto siempre.

El budismo es el ciclo de la iluminación, y existen varios tipos. Principalmente son el budismo del sendero largo y el budismo del sendero corto. El sendero largo tiene más del aspecto religioso, es decir, del aspecto de iglesia, la práctica de leer sutras, maneras saludables de vivir y cosas por el estilo — cierta cantidad de oración, un poco de meditación. El aspecto esotérico del budismo, que es el budismo del sendero corto, es la meditación. Soy maestro de zen y de budismo vajrayana principalmente, que son las dos formas primarias del sendero corto del budismo.

El sendero corto del budismo, que es el yoga del kundalini, implica la liberación de la energía del kundalini a través de las chakras o centros energéticos para crear una iluminación muy rápida. También se enseña con transmisión de poder por parte de un maestro, de alguien que es iluminado, que ha experimentado el paranirvana, que ha pasado por las estaciones y etapas graduales de la iluminación, y que tiene los poderes siddhas necesarios para utilizarlos en el proceso de enseñanza. Es un proceso muy complicado.

El sendero corto es, por supuesto, el camino alegre. Es el camino de las sonrisas (Rama se ríe). Porque tienes que divertirte o no duraras mucho tiempo. Tiene que ver con la liberación de energía. Es acerca de ser entusiastas, sobreponernos a todos los temores, dudas, preocupaciones y ansiedades —básicamente ser perfecto todo el tiempo y saber que no lo eres. Eso es budismo, el sendero corto. La conclusión es que se hace más corto cada vez. Entonces por favor, sonríe y despliega el buen sentido del humor si vas a continuar escuchando.

Como ya lo mencioné, el budismo es el ciclo de la iluminación. Se refiere a llegar ser un iluminado. La premisa esencial del budismo es que la iluminación existe. Que existe el nirvana. Más allá de este mundo y de todos los mundos, hay algo radiante, perfecto, y eterno. Lo cual crea estos mundos y todas las formaciones colectivas. Al mismo tiempo, está más allá de ellos. Lo llamamos nirvana. Podemos llamarlo como tú quieras —Dios, el Tao, Brahma, lo que tú prefieras, los nombres no importan. Es esa realidad eterna que nada puede describir. Va más allá de las palabras.

El budismo, el yoga, es una práctica. Es una forma de uncir o de unir la mente a esa realidad eterna, y al mismo tiempo, ver este mundo y todos los mundos como partículas de esa realidad. El budismo se trata de que vivas una vida bien cimentada, feliz y divertida, de tener energía, y de ser bueno en todo lo que hagas, mejorando constantemente. Trata de cómo utilizar el poder total de tu mente, cuerpo y espíritu —tus emociones, todo— para disfrutar la vida y experimentar sus múltiples facetas.

La práctica esencial en el budismo del sendero corto es la meditación. La meditación es un proceso en el cual detienes el pensamiento, trascendemos la dimensionalidad y nos fusionamos con una luz perfecta, a través de los planos de luz y los mundos causales más allá del astral. Y ahí experimentaras la luz. A medida que entras en la luz por períodos cada vez más largos, a medida que progresas en la práctica de la meditación, te transformas. Te vuelves más iluminado. Te sobrepondrás a toda limitación, toda desdicha y todo dolor. Aprenderás a no estar atado al deseo, y con el tiempo trascenderás a la muerte misma. Este es el ciclo de la iluminación. Es el proceso de unir tu conciencia con la eternidad, de ser eterno, eternamente consciente, y al mismo tiempo ser sereno, gentil, equilibrado, y tener un excelente sentido del humor.

Lo que importa es el camino. Lo importante es que lo recorras y lo disfrutes. Si practicas el budismo, si es yoga de verdad, tu vida mejora todos los días. Eso no significa que te ocurrirán cosas mejores. Es simplemente la vida. ¿Quién sabe lo que sucederá? Es una aventura. Pero si practicas correctamente, la prueba de fuego de la verdadera práctica es que te apreciaras más. Te gustara más la vida. Te sentirás mejor. Podrás ver que cada semana, cada mes, cada año, habrá una mejoría en los estados mentales en los que existes, y en la forma de como manejas tanto las situaciones difíciles como las más fáciles.

La mejor manera de aprender budismo es, por supuesto, tener un maestro iluminado, si no tienes un maestro iluminado a tu disposición, un maestro que esté más avanzado que tú. Hay dos clases de maestros: exotéricos y esotéricos. Los maestros exotéricos pueden explicar las formas externas del yoga —cómo conservar energía, obtener energía y utilizarla para entrar en planos de conciencia superiores. Pueden explicar prácticas y enseñar toda clase de cosas y técnicas valiosas. Pero no tienen el poder transmutativo del kundalini completo. Sólo un maestro iluminado, un maestro esotérico, puede realmente transmitirte poder, ellos pueden transferir su poder hacia ti, para que puedas escalar más rápidamente tu desarrollo espiritual.

Si estas en la universidad y tienes una beca, o si estas en una escuela de postgrado con una beca, puedes progresar mucho más rápidamente. En vez de tener que trabajar e ir a la escuela, podrías dedicar todo el tiempo a estudiar y salir adelante más rápidamente. Por lo tanto, la transmisión de poder tiene por objeto facilitar o acelerar el progreso del estudiante en el sendero corto. Normalmente se toma un período de tiempo mucho mayor para acumular todo el poder necesario para entrar en los estados iluminados de la atención. Pero un maestro iluminado realmente puede transferir poder a sus estudiantes, de la misma manera que una persona rica puede darle dinero a alguien. El poder es algo tangible. No puede transferirse el conocimiento. Realmente no. Tampoco se puede transferirse el corazón o la sensación de amar a las cosas. Sólo podemos exponer eso a alguien. Pero sí podemos transferir poder —ciertos tipos de kundalini gradual. Por lo tanto, parte del sendero corto es la transferencia de poder. Este poder debe usarse para ayudarnos a nosotros mismos y para ayudar a los demás, nunca para algo destructivo.

El budismo es una práctica con la cual aprendemos a evitar a perjudicar a otros y a nosotros mismos. Es una práctica con la cual aprendemos a responder a la belleza y a las circunstancias difíciles con paciencia, con un sentido de calma, con claridad —porque sabemos que hemos vivido antes y que siempre viviremos en una vida u otra; porque eso lo experimentamos en la meditación. Ese conocimiento y ese poder. En realidad no le tememos a nada. No nos asusta la muerte. No nos da miedo la vida.

No es necesario decir que siempre habrá gente que nos molestará porque somos budistas o porque somos cualquiera otra cosa. Vivimos en un mundo que es extremadamente dogmático. Y la gente no entiende. La gente en la tierra es bastante simple, para serte sincero. Es decir, todavía se matan unos a otros en las guerras, contaminan el planeta, se pelean, y se disparan entre sí. ¿Qué tan avanzados pueden estar? No mucho.

Por lo tanto, espera que si haces algo bueno en la vida, siempre recibirás muchas críticas y siempre habrá malentendidos. No dejes que esto te moleste. Lo que importa es que medites. Estas buscando la iluminación. Estas en el sendero de la iluminación y te estas divirtiendo. No busques aprobación en los ojos de los demás. Busca aprobación en tus propios ojos. Solamente tú sabes si la práctica del budismo está mejorando la calidad de tu vida. Si así es, entonces eso debe ser suficiente.

El budismo es un camino exhaustivo. Posee mucha etiqueta. Una gran cantidad de etiqueta. La etiqueta es una forma inteligente de hacer las cosas. A través de los siglos, los budistas y la gente que practica yoga han desarrollado maneras de conservar energía. Estos métodos son la etiqueta del budismo.

La conservación de energía es una parte sumamente importante en la práctica de yoga, del budismo. Sólo tenemos cierta cantidad de energía, y para poder existir en esferas mentales superiores necesitas más energía. La energía proviene de liberar el kundalini mediante la práctica de la meditación. Así ganas energía. Ganas energía a través de iniciaciones con maestros iluminados. Ganas energía visitando lugares de poder, haciendo peregrinaciones a lugares sagrados donde la tierra vibra más rápidamente. Ganas energía haciendo cosas que dan felicidad, teniendo éxito, superando obstáculos y obstrucciones. Eso aumentara tu poder.

Puede obtenerse energía de maneras extrañas. En otras palabras, las cosas que, a nuestro parecer, no liberan energía, lo hacen. Las actividades atléticas, de las que puedes pensar que sólo te cansan, en realidad liberan ciertas tipos de kundalini. Algunos alimentos tienen más energía que otros. Y hay formas de interactuar con la vida y con la gente —métodos muy inteligentes que te permiten coexistir con otras personas y no perder toda tu energía. Sólo porque alguien está de mal humor, esto no significa que tengamos que dejarnos arrastrar a ese estado. Sólo porque alguien está de mal humor, esto no significa que tú también tienes que caer en eso. Por lo tanto, la etiqueta del budismo —si constituye una práctica real— no es mentira. Es real. Te ayuda a llevar una vida mejor. Te ayuda a conservar energía, para que puedas vivir en estados mentales más elevados.

Como lo he sugerido, la práctica central es la meditación. Para tu comprensión general, me sigues escuchado decir, "Bueno, el budismo es yoga y yoga es budismo". El budismo no es un camino singular. Es una compilación de caminos. Y es orgánico. Cambia. Es la ciencia del descubrimiento personal. El budismo es yoga. El yoga empezó, quién sabe cuándo, hace mucho tiempo, cuando la primera persona aprendió que podía aquietar sus pensamientos, experimentar la eternidad, entrar en planos de la mente superiores, y en las esferas de perfección que existen en la mente del universo, en el nexo del nirvana.

El budismo no tiene principio ni fin. No fue iniciado por alguna figura histórica. Es un cuerpo de maneras, creencias y tradiciones que le permiten a una persona, cuando practica correctamente, experimentar estados de mente iluminados. De vez en cuando, en cada época y en lugares diferentes, nace un Buda, es decir, una persona iluminada que simplemente lo recodifica en un nuevo país. Recodifica los métodos y las prácticas; hace cambios inteligentes, cambios que se adaptan a un nuevo siglo, a una nueva cultura. Pero el budismo no viene de alguien. Existe por sí mismo. Es la práctica de hacerse completamente consciente. Superar la depresión, el miedo, la ansiedad, los celos, las cosas que causan dolor, las ataduras —y uno aprende a existir en hermosos estados mentales.

Por lo tanto, el budismo es un camino, y hay muchas formas de él, y nosotros seleccionamos la que más nos queda más bien. Ningún camino es mejor que otro. Existe el camino corto, el camino largo, el hinayana, el mahayana. Existen numerosos aspectos. Pero el punto principal de todo budismo no son los aspectos, ni la etiqueta, ni los libros que se han escritos sobre él, sino la práctica de la meditación. Si meditas, eres budista. La meditación es silenciar la mente, tranquilizar a la mente. Tus pensamientos son como una cortina que te separa de la realidad. Cuando se detienen, súbitamente puedes ver a la eternidad. Entre más tiempo detengas el pensamiento, más profunda es tu visión y tu experiencia mística, más profundo el viaje a las realidades, a superiores planos de conciencia y conocimiento. Entonces, la práctica de la meditación es algo que aprendes poco a poco cada vez que meditas, un poco más cada vez.

Necesitas hacer que tu mente se calme, calle y tranquilice. Esa es la esencia de toda práctica. La meditación es dejarse ir, dejar ir al ego hacia la luz clara de la realidad. Hay una luz mayor. En el budismo la llamamos dharmakaya, la luz clara. En zen la llamamos la esencia. Está ahí, inefable y perfecta. Cuando meditas, permites que esa luz se filtre a través de tu ser, que entre en tu mente, cuerpo y espíritu, y esencialmente que te purifique. De la misma manera que te bañas en una cascada o tomas una ducha, esa luz te quita la suciedad y te deja limpio. Así, la luz de la iluminación, el dharmakaya, esa luz clara, purifica todos los samskaras, todos los karmas, todas las experiencias que has tenido en esta y otras vidas. Las remueve y te energiza y perfecciona.

En el budismo… tú sabes, es divertido tratar de pensar en esto. No hay nada que hacer esencialmente en la práctica, excepto detener el pensamiento. Es decir, esa es la meta. Por lo tanto, puedes decir que el budismo se trata de aquello que no haces. No pienses. No hagas errores estúpidos. Evítalos. Te vuelves conservador, interesado y consciente. Naturalmente harás millones de errores estúpidos. Ese es el proceso de aprendizaje y eso no debe molestarte. Pero la idea es evitar los grandes errores aprendiendo qué es qué, qué es realidad y qué no lo es, qué es práctica y qué no lo es.

El budismo no son los templos, ni el incienso, ni las cabezas rapadas, ni las túnicas, ni tampoco la iglesia. Hay aspectos del budismo que incluyen eso y pienso que hay personas que lo disfrutan —eso les ayuda. Les fortalece su práctica. Pero el budismo verdadero se trata de la meditación. Es una experiencia individual. Es un viaje individual hacia la iluminación. El viaje de alguien más puede inspirarte, pero no te iluminará. Necesitas hacer tu propio viaje hacia la iluminación. Cada vez que meditas estas en el sendero hacia la iluminación. Estas experimentando la mente superior y la luz superior. Eres un viajero, un viajero mental, en este viaje que llamamos vida. Y la muerte no es el fin. Es solamente otro paso en el viaje. El viaje es eterno.

Si estas interesado en la meditación y en el budismo en esta vida, probablemente has practicado antes. En cada vida somos atraídos de nuevo hacia donde nos quedamos antes. Es posible que tengas acumulado en tu interior una buena suma de conocimiento y poder de vidas anteriores, y la manera de tener acceso a ellos es practicando la meditación.

Lo mejor es meditar dos veces al día, en la mañana y en la noche. Si meditas por la mañana energizaras tu cuerpo, mente y espíritu, aclararas tu propósito y simplemente estarás feliz. Estarás contento todo el día y tendrás éxito todo el día. Luego, por la noche, medita otra vez y entra en el mundo de la luz. Llénate de luz y tendrás una noche perfecta.

El tema o teoría central del yoga o budismo es que la felicidad no es algo que realmente obtenemos en el mundo. Como sabemos, en la vida la mayoría de las personas tratan de ser felices por medio de su profesión, relaciones personales, educación, actividades atléticas, pasatiempos o lo que sea. Ciertamente alguna felicidad puede obtenerse de esta forma, pero también puede observarse, juzgando por la experiencia de la mayoría, que se obtiene más infelicidad que felicidad. No hay mucha gente feliz a nuestro alrededor. No se ven muchas sonrisas en el mundo.

La felicidad no proviene necesariamente de la experiencia o el conocimiento. Sin embargo, hay felicidad en el conocimiento. Con seguridad, la felicidad del conocimiento puede venir de la meditación. Hay mundos de felicidad en el conocimiento fuera de esta dimensión. La meditación es una forma de llegar a ellos. Si te sientas a meditar por la mañana, experimentaras felicidad, conocimiento; obtendrás poder. Entonces estarás feliz a lo largo del día. No importa lo que pase, estarás feliz. Si pasas un día feliz, fantástico, disfrútalo. Pero si no, no perderás tu felicidad. La has almacenado en la meditación de la mañana y obtendrás más durante la noche. La meditación le pone fin a la felicidad que depende de las cosas físicas, o en otras personas.

Si amas a alguien y mueren, tu vida puede ser arruinada. Puedes ser miserable. Pero si meditas, no será así. Por supuesto, experimentaras tristeza. Eso es natural, pero debido a que meditas y ves que no hay muerte, y porque experimentas felicidad radiante en tu meditación y práctica, estarás feliz sin importar lo que pase.

Este es un mundo donde las personas envejecen. Se vuelven ancianos, mueren, se desesperan, sus vida no resultan como pensaban. Nada parece funcionar; es un lugar pasajero. Las cosas vienen y se van rápidamente, como la juventud, la riqueza, la salud. Visita un asilo. Visita un pabellón de enfermos de cáncer. Las cosas no siempre funcionan muy bien.

Pero si eres budista, si prácticas, podrás tomar estas cosas a paso. Cada año vas madurando, y puedes ser más sabio.

El Occidente es un lugar curioso. El Oriente también, pero pienso que el Occidente es más curioso en ciertos aspectos. Me gusta, pero es extraño. La gente aquí piensa que la juventud lo es todo. Esta es una cultura de jóvenes y la época de la vejez es cuando escondemos a nuestros ancianos en sus asilos y los consideramos estúpidos, enfermos y seniles. Qué concepto tan extraño. En el Lejano Oriente consideramos que, a medida que una persona envejece, si ha vivido inteligentemente, se vuelve más poderosa, más sabia, más feliz. Pero necesitas llevar una vida inteligente. Si meditas y prácticas yoga, entonces tu cuerpo no debe terminar echado a perder a los cincuenta, sesenta o setenta años. Debes tener movilidad. Debes estar en buena forma.

La mayoría de las personas utilizan toda su energía y envejecen porque están muy estresadas, porque no tienen balance en su vida. No están fundamentadas en la felicidad. No están fundamentadas en el espíritu. Si practicas yoga, si meditas, haces algo de ejercicio, llevas una vida inteligente, entonces cada año que envejeces, cada día que pasa, te vuelves más iluminado, más despierto, más consciente. Esa es la manera normal. La manera saludable. Esa debería ser la manera de todos. Entonces no habría desesperación.

La vejez no debe ser una época para sentarse en una mecedora y sentir celos de todos esos jóvenes que van por ahí manejando sus convertibles. Es decir, esto no es un problema. Tú también hiciste eso, lo disfrutaste y fue interesante, pero es superficial. Entonces eras joven. No tenías poder en aquel entonces. A medida que envejeces, debes ser más inteligente. Debes gozar lo que hacen los muchachos, pero esto no es lo que tú haces. Debes ir a tener nuevas aventuras en campos de atención diferentes. Esa es una manera más gentil de ser.

Por lo tanto, el budismo y el yoga son prácticas maravillosas porque hacen más eficiente tu vida. Toda tu vida se convierte en una forma de alcanzar el éxito y no termina a cierta edad. Mejora y mejora cada vez más. Pero debes mantenerte centrado en la práctica.

Ahora existe mucha confusión acerca de la meditación, tanto en el Occidente como en el Oriente. Algunas personas viajan astralmente. Entran en esa clase de estados astrales por encima del cuerpo, donde quedan separados y disociados. Y creen que eso es meditación. Pero ciertamente no. La meditación es un estado hermoso y perfecto en donde hay una enorme cantidad de luz, energía y humor. Si no eres más feliz, más centrado, y mejor en lo que haces en el mundo físico, si no te puedes relacionar mejor que antes con la gente, si tu conversación no es más inteligente, si no eres más gracioso, si no eres más astuto, no estamos meditando. Estas en las nubes. Estas en el plano astral. Y eso no es meditación.

Vemos que hay una clase de "nueva edad" en el Occidente. También se ve en el Oriente, donde la gente camina con cierto tipo de mirada disociada y creen que están siendo espirituales. No hay nada espiritual en estar disociado. Es simplemente estar disociado. La espiritualidad es un estado mental gentil y hermoso. En ciertos aspectos es también un estado bien definido y muy físico. Las artes marciales vienen del budismo y del yoga. Y en las artes marciales —también soy maestro en ellas— en las artes marciales, aprendes a utilizar el cuerpo de manera muy dinámica y elegante, en una forma muy poderosa. Es claro que en las artes marciales, no se puedes estar distraído, a menos que quieras recibir una patada en la cara. Creo que esta es una buena forma de ver al budismo y la práctica de yoga.

El budismo y el yoga te hacen más gracioso y te dan un sentido del humor acerca de la vida, y de ti mismo. Si te estas volviendo arrogante, o si andas por las nueves, o si se trata sólo de escalar socialmente o de ver quién es quién en la congregación o secta budista, eso no es budismo. Puede que lo llamen así, pero eso no es práctica pura. La práctica pura se trata de la trascendencia del ego, de estar sereno, centrado, de ser amable, de estar positivamente desatado, conduciendo tu propia vida sin temor, pero siendo siempre estudiante, nunca ser superior, como si lo supieras todo, sin nada más qué aprender y sin nada que puedas aprender de los demás.

No existe la competencia entre los maestros si realmente son budistas. Sólo una sonrisa entre ellos por el sincero reconocimiento de que estamos juntos en este mundo de luz, y de lo maravilloso que es para nosotros que estemos practicando, y que haya otra gente que también se está divirtiendo. Cuando observas competencia egocéntrica entre estudiantes y maestros es porque están en etapas muy tempranas de la práctica. Tenemos que darle cierto margen a esto. Es decir, no llegamos a ser iluminados en un día, una semana o un mes, ni en una encarnación. Es un proceso hermoso, pero toma tiempo.

Hasta cierto punto, el budismo es tolerancia —ser tolerantes con quienes tienen dificultad con la práctica, con quienes se vuelven egocéntricos, con quienes la convierten en política, en un círculo exclusivo, en ¡oh!, todo lo que puede pasar. En otras palabras, aplicando a la práctica las vanas emociones humanas del ego y energizándolas con el kundalini, no se consigue nada. Esto se trata de humildad, serenidad, flexibilidad y resistencia, sabiduría y humor. Estas son palabras humanas, palabras en español, que intentan divinizar —más bien definir, eso fue un lapsus freudiano— que intentan definir estados espirituales que están más allá de las palabras. Pero si entras en un lugar donde supuestamente se está practicando yoga o budismo y no te sientes cómodo y nadie parece estar en contacto, estas en lo cierto. Es hora de ir a otro lugar.

Pero algunas veces esto es parte de lo que hacen los estudiantes. Se va a la universidad por el profesor, no por los estudiantes, a menos que estés buscando sólo una experiencia social. Si los profesores son buenos, te enseñarán lo que necesitas saber. Tus días en la universidad vienen y van, pero si aprendes algo de los profesores, eso te ayudará toda la vida.

Por eso en el yoga y budismo debes buscar al maestro apropiado. No hay un maestro que sea el mejor. No hay competencia. Hay uno que servirá más para ti. Los buenos maestros generalmente son firmes. Esa fue mi experiencia en la universidad y en la facultad de graduados. Son difíciles pero tolerantes. Exigen más de ti para que puedas obtener más de ti mismo. Pero en el budismo, se entiende que el maestro no está a cargo de tu educación. Tú lo estas. En el Occidente, pensamos que si asistimos a una clase, consideramos que el profesor —porque le estamos pagando— tiene que educarnos. No es así en el mundo de la iluminación. En la iluminación, tienes que convencer al maestro de que no sólo mereces su enseñanza, sino también que él debe mostrarte algunos de los secretos.

Como sabes, el budismo es todo acerca de estos secretos. Esos secretos son cosas que la mayoría de la gente no aprende porque no son lo suficientemente entusiastas, o lo suficientemente brillantes, suficientemente pacientes, suficientemente alegres o tranquilos. Debes tener un deseo ardiente por lo que es infinito, por la luminosidad, y debes estar dispuesto a sobreponerte a tu mezquindad y separatividad. Tienes que ser flexible, y de mente abierta. Entonces tendrás lo que llamamos espíritu de aprendiz o estudiante, el espíritu de un monje joven, o una monja joven. El budismo es algo que se practica sin importar el sexo, la religión, el color de la piel, o la edad —nada de eso importa. Lo que importa es que ames a la luz, que desees aprender y que estés dispuesto a sobreponer a tus limitaciones.

Hay algunos —especialmente en Occidente, donde el budismo no es tan bien conocido, como dije anteriormente— que te harán pasar un mal rato porque prácticas. Habrá jefes con prejuicios. Algunos de mis estudiantes y los estudiantes de otros maestros han experimentado esto. Existen repugnantes grupos que tratan de ponernos cerrarnos las puertas porque practicamos el budismo, inclusive aquí en los Estados Unidos. Esto no tiene nada que ver con la Constitución —son simplemente el Ku Klux Klan del mundo espiritual. No les gusta el budismo. Algunos piensan que es una religión del tercer mundo (Rama ríe). Eso es un chiste. Vean al Japón, que actualmente está comprando el mundo con una mentalidad budista. Es una nación a la que le está yendo muy bien si observamos el yen.

El budismo conduce a buenos negocios, a un buen sentido para los negocios, como no sólo los japoneses lo ejemplifican sino como los budistas lo ilustran. Es algo muy sofisticado. Pero como saben, el Occidente es una cultura muy joven. América sólo tiene unos pocos centenares de años, y es un gran lugar, lo amo mucho y disfruto enseñando aquí. Pero no hay mucho conocimiento del budismo, una de las religiones más extensas y antiguas del mundo. Es la religión más antigua y el yoga es la práctica más antigua.

Por lo tanto, debo advertirte que, si prácticas, te resultará un poco duro a veces. La gente te hará pasar malos ratos por eso. Pero no dejes que esto te moleste. Es así siempre en una cultura nueva, en una cultura ingenua. América es un gran lugar. Es un lugar maravilloso para practicar budismo. Todo el mundo lo es. Y así como cayeron la Unión Soviética y los demagogos que la dirigían, también serán derribadas todas las naciones donde hay demagogos. Con el tiempo prevalecerá la luz. Sólo tienes que ser paciente.

Entonces practica el budismo. Aprende a ser iluminado. Pon una sonrisa en tu cara. Encuentra a un gran maestro. Medita. Y mantén el buen humor. Esa es la esencia de todas las prácticas —la iluminación con sentido del humor— eso es siempre lo mejor.

3. Poder

Poder. El poder es la fuerza activa de la vida. Es la fuerza vital que nos hace conscientes. El poder se ve en el viento, en el fuego, en el movimiento —movimiento físico, movimiento emocional, movimiento mental. Poder es ser consciente. En el budismo el poder se define muy precisamente de muchas maneras. No hay una sola palabra que abarque todos los diferentes aspectos del poder. El término general para el poder, el poder espiritual, el poder de estar consciente, es kundalini. El kundalini es la energía vital que crea vida. La vida es consciencia. Es movimiento. Es sensibilidad.

La vida es el poder de percibir. Sin percepción no hay vida. Indudablemente, los tipos de percepción varían. Las plantas tienen un tipo de percepción, las amibas otro, los pájaros otro, los seres humanos otro y los seres astrales otro. El universo mismo es una gigantesca matriz de percepción. Se percibe a sí mismo en esencia y a través de su substancia. El budismo, el yoga, es el estudio de la percepción, y lo que es más peculiar de la percepción es el poder —el poder de existir, de percibir, y el poder de cambiar la percepción.

La percepción lo define todo. Puedo estar sentado en un cuarto, mirando a mi alrededor, y percibiré el cuarto de cierta manera. Otra persona puede estar sentada en el mismo cuarto y puede percibirlo de manera completamente diferente. Pueden haber tenido un mal día —estar deprimidos, ansiosos, inquietos, y no disfrutar en absoluto de estar en ese cuarto. Yo puedo estar sentado en un cuarto, sintiéndome muy feliz porque tal vez algo bueno acaba de pasarme, o tal vez simplemente me siento bien y el cuarto es muy bonito. Los colores son brillantes; la textura del tapete es intensa. Es posible que la otra persona ni siquiera se dé cuenta de estas cosas. Su percepción puede ser recuerdo. Quizás en este momento están viviendo algo desagradable que sucedió anteriormente en este día —tal vez una confrontación molesta con alguien a quien conocen bien.

Por lo tanto, la percepción realmente varía. En otras palabras, es interna. La percepción es emotiva; es mental; tiene que ver con pensamientos. Pero es, en su esencia, lo que nosotros somos. Esto quiere decir, que de cierta manera somos lo que percibimos. O podría decirse, que lo que percibimos ciertamente define lo que somos. Ahora, tenemos que pensar acerca de la vida a la inversa. Si estamos percibiendo no lo que somos sino algo distinto, si la percepción es estar consciente de otra cosa, seguramente, tal vez en cierto sentido, la percepción puede ser la imagen de uno mismo. Pero si, primeramente, la forma en que vemos el universo, es el universo como algo distinto de lo que somos, la percepción es un espejo. En otras palabras, somos todo lo que no percibimos.

Toda percepción es un fondo. Es una pantalla por medio de la cual podemos vernos a nosotros mismos. La percepción es la habilidad de volvernos conscientes de nuestro ser y de lo que es distinto del ser, y aquello que es diferente del ser es normalmente lo que percibimos —lo que llamamos el universo externo. ¿Y quiénes somos? Pues bien, somos el ser que percibe. Y ciertamente, sin pensarlo, hacemos una distinción entre lo que somos y lo que percibimos. Percibimos lo que es distinto y lo que es el ser.

El poder es la banda de frecuencias en la que percibimos las cosas. En la radio tenemos estaciones de AM, estaciones de FM, de onda corta y otras. Estas son frecuencias en megahercios o kilohercios —ellas vibran. Las frecuencias vibran a velocidades específicas, y dentro de esas frecuencias transmitimos y recibimos información. La percepción es como una banda frecuencias. Esto es solo una forma de hablar de ello. Y las bandas de percepción varían mucho. Tenemos la banda de percepción humana, la banda de percepción que incluye a todos los mamíferos. Está la de las plantas, la de los invertebrados y otras. Hay muchas y variadas bandas de percepción, y simplemente porque nosotros estamos en una banda de percepción y estamos conscientes de ella, esto no significa que las otras no existen.

Estamos escuchando estaciones de FM. Eso puede ser todo lo que escuchamos. Pero miles de estaciones de AM existen en el selector a unas pocas vibraciones de distancia. Las personas están teniendo experiencias, transmitiendo información, escuchando música, recogiendo información. Entonces es bueno recordar que el campo de percepción humano no es de ninguna manera el único campo de percepción, la única banda. Ni es necesariamente la mejor. No existe tal cosa en el infinito. Todo es lo mejor, podría decirse. Pero el infinito no pone etiquetas —sus creaciones no están etiquetadas, simplemente son. A los humanos les gusta categorizar cosas, nos gusta decir "esto es mejor que aquello, esto es más agradable, esto es menos agradable"— según nuestro sistema sensorial o mental, o sistema emocional o filosófico, sociológico, o sistemas políticos o sistemas religiosos.

Entonces el poder, para empezar, es aquello que mantiene unida a una banda de percepción, y una banda de percepción es vida para quienes perciben dentro de esa banda. Si esa banda desapareciera, ellos no existirían. Y hay una gran cantidad de magníficas bandas de percepción en el universo. Hay ambas bandas de percepción orgánica e inorgánica. Hoy nos estamos limitando a la banda orgánica de percepción, específicamente a la banda de percepción humana. Pero quiero que sepas que es posible modificar tu campo de percepción para que puedas percibir lo que las plantas perciben, lo que los pájaros perciben, lo que los seres astrales perciben, y lo que los seres en el nivel causal perciben.

Existen muchos universos, muchas dimensiones. No tienen fin. Y es posible tener acceso a esos campos de percepción. La mayoría de ellos no son de especial importancia para nosotros. No nos ayudarán. No nos harán más felices. No obtendremos conocimiento, información o poder que podamos usar para mejorar la calidad de nuestra vida. Simplemente no hacen referencia a eso. Ha habido gente que ha clasificado y categorizado estas bandas en diferentes sistemas de yoga. Lo disfrutan —de la misma manera que un botánico disfruta clasificando plantas. Se deleitan creando nombres y órdenes y haciendo catálogos. A los humanos les gusta eso.

Catalogar es una función del intelecto. Pero catalogar no cambia nada. Si le llamamos una rosa, o le llamamos con otro nombre, no deja de oler dulcemente. El nombre realmente no importa. Es algo solamente para nuestra conveniencia — para comunicarnos con los demás, verbalmente o por escrito, o con representaciones gráficas o en sonido. Pero realmente no importa. En otras palabras, si los seres humanos no existieran con todas sus categorías y clasificaciones, la vida continuaría su camino. La vida no depende de nuestras clasificaciones y categorías, ni de nuestra ciencia. Pero nosotros sí. Eso nos parece interesante y útil.

Entonces el poder está en las bandas de percepción mismas. El poder es lo que mantiene esas bandas de percepción en su lugar. La habilidad de percibir lo que llamamos vida, la habilidad de vivir, es un aspecto del poder. Sin el poder de existir, de percibir, no hay vida de la manera como la conocemos. Entonces, más específicamente, dentro de la banda de atención humana, digamos en las frecuencias de FM, existen muchas variaciones. Podemos ir del punto más bajo del selector hasta al punto más alto. O podemos cambiar de bandas completamente e ir a AM, o a onda corta o a ondas aún más largas.

Dentro de la frecuencia humana, bueno, lo que vemos es lo que obtenemos. Hay diferentes condiciones, condiciones mentales, condiciones conscientes, en las que existe la gente en la tierra. Tales condiciones son relativamente representativas. Yo clasificaría el fondo de la banda como de severa infelicidad, depresión, alienación —cosas que consideramos muy desagradables. La parte superior de la banda, que vibraría un poco más rápido, sería la felicidad, satisfacción, paz mental, una sensación de balance y de riqueza total de espíritu y éxtasis.

El budismo, el yoga, se interesa principalmente en trasladar nuestro campo de atención desde el comienzo de la banda de percepción, la banda humana, hasta el tope de la misma, y después, por supuesto, de la banda humana a la banda, o bandas, iluminadas de percepción —abandonando aquella banda de percepción completamente. Pero antes de que podamos hacer esto, tenemos que trasladarnos dentro de la banda de percepción humana desde donde nos encontramos hasta la parte superior. No podemos ir más allá hasta que lleguemos a la parte más alta.

Por lo tanto, tú naciste con un campo de conciencia específico. Y eso es tu karma. Karma significa quien eres, es decir, el lugar donde se encuentra tu campo de conciencia dentro de la banda de percepción. En vidas pasadas, lo que hiciste o dejaste de hacer, lo que experimentaste o dejaste de experimentar, ha causado que estés en cierta longitud de onda, que tengas cierto campo de conciencia. Al nacer, ese campo de conciencia no está completamente a tu disposición. Podemos tener en nuestras manos un libro escrito por alguien y que tal vez tiene toda clase de información, pero hasta que lo hayamos leído no obtendremos la información. No podemos hacer referencia a ella ni utilizarla o disfrutarla.

Llevamos dentro de nosotros toda la información de las vidas que hemos tenido. Y simplemente porque estamos vivos no significa que hayamos leído el libro. Así, un aspecto del budismo, o estudio interno, es el de despertar de nuevo el conocimiento de las vidas pasadas, pero se requiere cierto tipo de poder para hacer eso. El conocimiento de las vidas pasadas no es necesariamente un recuerdo. No es el álbum de fotos de matrimonio de la existencia. Puedes recordar lo que hiciste la semana pasada, pero eso no necesariamente cambia en nada, los eventos físicos. El recuerdo de vidas pasadas significa en el budismo la habilidad de traer a esta vida más conciencia, mayor conocimiento que el que teníamos en otra vida. Los recuerdos reales de donde estuvimos en el tiempo y el espacio y con quién generalmente no son relevantes.

Si tú fuiste un gran arquitecto o un gran músico en una vida pasada, y si pudieras traer a esta vida ese conocimiento, esa sensibilidad total, digamos, que desarrollaste en el diseño arquitectónico y musical, esto te daría una ventaja si quisieras continuar esas actividades en esta vida. Pero cuando naces o a medida que vas creciendo —hasta que tengas cierto tipo de poder, cierta clase de kundalini— no puedes tomar como referencia esas cosas, no tienes acceso, no puedes evocar a esas cosas.

Entonces, un aspecto del poder es traer nuestra conciencia total a esta vida. Un segundo aspecto del poder es, por supuesto, ir más allá de esa conciencia, de las cosas que hemos conocido en otras vidas, hacia nuevos campos de conciencia que nunca hemos experimentado. Y la particular energía transmutativa o poder que hace esto se llama kundalini. El kundalini es la energía que abre las bandas de percepción. Es también la energía o poder que nos permite viajar mentalmente de un nivel a otro, de un plano o dimensión a otro, de una experiencia a otra. Es también la energía que hace posible que tengamos lo que yo llamo un poder misterioso, para hacer cosas o hacer que ocurran cuando de otra manera no ocurrirían, aplicar presión, una presión oculta —en otras palabras, utilizar energía tras bambalinas— para ser capaces de usar una energía que es invisible a la mayoría de la gente, para crear efectos, tal vez a miles de millas de distancia de donde está nuestro cuerpo, o en otras dimensiones, por ejemplo, para curar. Si tienes poder serás capaz de curar a una persona enferma sin necesidad de recurrir a antibióticos, cirugía u otros medios. Podrías penetrar sus estructuras celulares y producir un cambio. Podrías moldear y conformar eventos en tu vida y en la de los demás.

El poder no es realmente visible —el tipo de poder del que estoy hablando. Existe ciertamente. Podemos verlo en la vida humana. Algunas personas tienen el poder de sobreponerse a las circunstancias. Fueron al mismo colegio con todos a los que conocían. Crecieron en el mismo tipo de ambiente, estuvieron expuestos a los mismos materiales, pero por alguna razón llegaron a la cima de su clase. Lograron éxito en una forma que la mayoría de las personas no puede, incluso externamente —tal vez en un sentido material, en un sentido espiritual, en un sentido político, o en un sentido filosófico. Con seguridad, los factores sociológicos y el ADN no son todo lo que determina el éxito. Es el poder, el poder de vidas pasadas o de la vida actual que obtenemos con la práctica de la meditación llevando una vida relativamente conservadora pero extremadamente excitante y feliz —conservadora en términos del uso de la energía.

Un aspecto del budismo se ocupa exclusivamente del poder —cómo obtenerlo, almacenarlo y utilizarlo inteligentemente, de manera que cree beneficio para uno mismo y para los demás. La energía primaria, activa en todas las cosas que he estado discutiendo, es el kundalini. La energía del kundalini es la energía de la conciencia y puede ser usada para modificar la conciencia. Un ejemplo podría ser un átomo inteligente —esta es tal vez una forma de considerar esto. Si una estructura atómica —protones, neutrones, valencias, electrones— pudiera tomar conciencia de sí misma, y obtuviera conocimiento, podría cambiarse a sí misma. Posiblemente añadiría electrones diferentes a algunas de sus valencias, modificaría su número atómico cambiando sus protones y neutrones. Si tuviera la habilidad de hacer eso podría convertirse en algo distinto de lo que es.

Los seres humanos hacen esto en cierta forma, todo el tiempo. Nacemos con un defecto físico pero hemos obtenido el conocimiento para cambiar nuestro cuerpo. Podemos someternos a una cirugía. Podemos someternos a un tratamiento de radiación. Hemos aprendido a usar ciertas drogas medicinales para curarnos y cambiar nuestra condición. Podemos ir al colegio, obtener cocimiento, mejorar nuestras vidas y seguir una carrera diferente. Entonces, en cierto sentido hacemos cambios todo el tiempo. Supongo que somos átomos inteligentes. Somos estructuras orgánicas inteligentes. Podemos cambiar lo que somos. Y ahora, por supuesto, mediante la ingeniería genética está empezándose a examinar la posibilidad de cambiar la estructura fisiológica real del cuerpo —primero, tal vez, en forma pequeña, con drogas sintéticas que están siendo creadas y fabricadas, después quizás, en una forma mayor.

Entonces, el budismo, el yoga, es el estudio de cómo cambiar lo que somos, de modificar o tal vez reestructurarnos completamente como seres que perciben. Ahora bien, de cierta manera, realmente no podemos cambiar lo que somos. Quienes eres es lo que serás, y así será siempre. Hay algo dentro de nosotros que es eterno, y que está más allá de todo cambio. Y la última meta del budismo es alcanzar eso desde este lado, volvernos conscientes de ese lado. Este lado es el lado mortal, el lado limitado, el lado humano. Luego está el lado eterno, intemporal, divino. Y en el yoga buscamos uncir o unificar nuestro campo de conciencia con el lado divino o iluminado, el lado intemporal —porque cuando hacemos eso no hay dolor, no hay ansiedad, no hay infelicidad. La parte eterna de nuestro ser es perfecta, libre, siempre cambiante, siempre nueva y completamente consciente de todas las cosas —vitalidad completa, conciencia completa.

Sin embargo, mientras tanto, al encaminarnos hacia allá, el budismo es inicialmente el estudio del poder. Se necesita una cierta cantidad poder para conocer tu potencial —para sentir que puedes cambiar la forma en que percibes y que esto puede ser muy beneficioso para ti. Se necesita poder adicional para descubrir cómo hacer esto y aún más poder para realmente hacerlo. Y por supuesto, cuando haces cambios estructurales en tu percepción, esto te da poder. Es muy curiosa la forma en que todo funciona. No es necesariamente lógica. Simplemente es como es. Las cosas no son necesariamente lógicas. La lógica es una manera de considerar algo. Es un diagrama de flujo, un diagrama de flujo mental. Pero no todo es lógico. Las cosas simplemente son. Y la lógica es una referencia secundaria cuando miramos algo y decimos, "Oh, bien, esto es así porque…". Pero no lo es. Es lo que es. Y hemos decidido que queremos darle una explicación racional. Nos hace sentir mejor.

El poder más interesante es el poder personal que cambia o da forma a la conciencia, y ese poder es el kundalini. El kundalini existe en todas partes. También se le llama shakti. Esto quiere decir que es un campo de energía latente, una energía invisible presente en toda la vida, en todas partes, en esta dimensión y en otras dimensiones. Más específicamente, el kundalini existe dentro de nosotros mismos. Existe en mayores cantidades en ciertos lugares. Algunas personas tienen más. Algunas dimensiones tienen más. Inicialmente, el estudiante de budismo busca hacerse consciente de que hay variaciones o diferencias de poder. Algunas personas tienen más que otras. Algunos lugares tienen más que otros. Algunas actividades crean y dan poder. Algunas lo agotan. Algunas quitan poder. Como el poder es necesario para entrar en los estados de mente más felices y sostenerlos, permanecer en ellos e ir más allá a estados mentales de iluminación, lo cual es, por supuesto, lo más deseable, y como el poder es necesario para mantenernos saludables, para curar nuestro cuerpo y para ayudar a los demás, el poder debe ser nuestra preocupación primordial. Es la primera cara del tótem de nuestro descubrimiento personal.

El kundalini en el ser humano descansa su potencia en la base de la columna vertebral. Tenemos un cuerpo físico y también tenemos un cuerpo sutil y uno causal. Y por supuesto, también está nuestra parte eterna. Tenemos un toque de nirvana en todos nosotros, algo que no es físico, no es dimensional, no es astral y no es causal —lo que es real en nosotros —pero está obscurecido. Es difícil llegar a él debido a nuestro cuerpo físico, las emociones, los pensamientos, la mente, y en general porque no tenemos suficiente poder para percibir apropiadamente. El kundalini está en la base de la espina dorsal.

El cuerpo sutil rodea al cuerpo físico. Es un cuerpo de energía. También se le conoce como cuerpo astral. Está compuesto de chakras, fibras de energía, tubos astrales similares a las venas. Básicamente, la parte del cuerpo sutil que le interesa al practicante de yoga y de budismo es el sushumna. El sushumna es un tubo. Es un tubo astral, parecido a un carrizo, que va de la base de la espina dorsal hasta un poco más arriba del entrecejo. A lo largo de este tubo hay seis chakras o vórtices de energía. La primera está en la base de la espina dorsal. La segunda está en la región del bazo o de los órganos sexuales. La tercera está alrededor de una pulgada debajo del ombligo. La cuarta está en el centro del pecho. La quinta en la garganta, en la base de la garganta. La sexta, la chakra o centro de energía más alta en el sushumna, está a una pulgada más arriba del entrecejo. Hay una séptima chakra ubicada a varias pulgadas por encima de la cabeza, pero que no está conectada con las otras directamente.

Hay muchas otras chakras, o nadis como también se les llama. Hay chakras en las manos, en las puntas de los dedos, en los pies y en otras partes. No están realmente en el cuerpo físico. Si perdemos un brazo, esto no afecta al cuerpo sutil o las chakras. No son físicos. Son astrales. Pero están aproximadamente en las mismas áreas. Es una forma de hablar de ellas.

La liberación de poder, el poder que nos permite transformar nuestra conciencia y ser felices en la vida, es la liberación del kundalini. Todo yoga, directa o indirectamente, todo budismo, se relaciona con la liberación de la energía del kundalini. La energía del kundalini está en la primer chakra, en la base de la espina dorsal. Se le llama a ésta la chakra raíz. Y mediante la meditación, visitando ciertos lugares, estando con ciertas clases de gente, participando o no en ciertas actividades mentales, físicas o emocionales, es posible tomar esa energía y dejarla mover, desatándola, desde la base de la espina dorsal hasta el tercer ojo y posteriormente hasta el centro coronario. Al trasladarse, esta energía puede compararse con una serpiente enroscada y parece pequeña debido a que está enroscada, pero puede saltar muy rápidamente. Puede saltar y extenderse con mucha velocidad.

El kundalini es como una serpiente, como una bobina de energía en la base de la espina dorsal, que puede lanzarse hacia arriba por el sushumna, pasando por las chakras, abriéndolos todas, llevándote a diferentes estados de conciencia y finalmente saltando sobre el vacío y entrando al centro coronario. El centro coronario, también llamado la flor de loto de los mil pétalos de luz, hace referencia a las dimensiones o planos de luz, de la iluminación. Cada una de las siete chakras hace referencia a los diferentes planos dimensionales. Es decir, es una puerta de entrada. Es un torniquete de paso que nos conduce a diferentes dimensiones. Y a medida que el kundalini se eleva, ya sea durante una sesión de meditación individual o en general en la vida, esas dimensiones se abrirán y el conocimiento y poder de esas dimensiones vendrán hacia ti.

Hay una elevación inmediata y un nivel general. El nivel general es donde el kundalini permanece la mayoría del tiempo. Para la mayoría de la gente el kundalini está en la primer chakra. Puede estar también en la segunda chakra. Es decir, que si pudiéramos medir el kundalini, si pudiéramos verlo, encontraríamos que en la mayoría de la gente de la tierra se encuentra en la primera o entre la primera y la segunda chakra —generalmente en la primera. Está bastante encerrado. Y para la mayoría de la gente que no practica budismo o yoga, el kundalini posiblemente se activa sólo algunas veces durante su vida. El kundalini puede activarse en momentos de extrema intensidad. Circunstancias extraordinarias —un accidente de auto, un trauma emocional, algunas veces las situaciones en la guerra durante una batalla— hacen que el kundalini salga súbitamente y cuando lo hace, le da a la persona un poder extraordinario. De repente puede sobreponerse con éxito a todo temor y atacar al enemigo al ver que uno de sus amigos ha sido herido, y hacerlo con gran éxito. Una señora de setenta años, que no puede alzar una bolsa de ciruelas pasas, súbitamente levanta un automóvil algunas pulgadas al ver que su nieto está atrapado debajo de él.

El kundalini puede hacer cosas físicas. Pero también puede hacer cosas mentales. Nos puede hacer entender algo que no entendíamos. Si muere alguien a quien amamos, normalmente la experiencia puede ser terrible o crear infelicidad por el resto de nuestra vida. Pero el kundalini puede ser liberado, y nos puede llevar a un nivel de conocimiento y entendimiento más elevado, y vemos que no hay muerte, que la persona se ha ido, como lo haremos todos, en un viaje. Pronto los seguiremos. Todos hemos estado ahí antes. Todos estaremos ahí de nuevo.

Así, el kundalini puede darnos claridad mental, un descubrimiento científico, una creación musical, toda clase de cosas. Las personas que pueden tener acceso al kundalini y son capaces de liberarlo, tienen más éxito en los campos de acción que han elegido —grandes pintores, músicos, arquitectos, científicos, ingenieros, filósofos, expertos en artes marciales, atletas o lo que sea. Quienes están en la cumbre de su profesión tienen algún acceso al kundalini. Ellos quizás no practiquen lo que nosotros llamamos meditación diaria, sentándose formalmente, meditando y enfocándonos en las chakras, pero han aprendido en algún momento, en esta u otras vidas, formas de liberar el poder. Y pueden usar este poder en una variedad de formas, dependiendo de cuán inteligentes y equilibrados son.

Cuando vemos a alguien que ha alcanzado el apogeo de su profesión —sea el jefe corporativo de una gran compañía, un músico excelente, un gran escritor, alguien a quien consideramos eminentemente exitoso en uno o más campos— esa persona tiene lo que yo llamaría un poder extraño. Esto quiere decir, que han aprendido a despertar el kundalini. Hay cosas que hacen, alimentos que comen o no, lugares a los que van o a los que no van, pensamientos que tienen o rechazan, emociones que experimentan o no experimentan. Simplemente se trata de la forma en que mantienen su mente, en otras palabras, han aprendido —a pesar de que no lo llaman meditación o yoga— a meditar. Y ellos liberan el kundalini consciente o inconscientemente.

Obviamente, si tú aprendes a liberar el kundalini conscientemente, podrás tener aún más éxito que esas personas. Ellas han encontrado algo que trabaja, y lo saben. En la mayoría de los casos no pueden decirte cómo. Ellos saben que hay algo que hacen que los mantiene en la cumbre de su profesión, que los hace más felices y más exitosos. Pero no saben a dónde pueden ir desde el punto donde se encuentran, podríamos decir. Han llevado eso tan lejos como han podido, y continúan repitiéndolo una y otra vez. Pero en yoga, en budismo, tú estudias cómo liberar y abrir el kundalini y llevarlo a niveles que ciertamente suministrarían éxito en la carrera, felicidad personal, salud física y balance mental. Pero nosotros lo llevamos más allá, hasta planos de conocimiento y sabiduría que le permiten al practicante hacer casi cualquier cosa. En otras palabras, hay escalas de experiencia y éxtasis, que son simplemente divertidas, y que la gente ni siquiera sabe que existen y pueden ser alcanzadas. En consecuencia no lo hacen. Si lo intentaran, por supuesto, no sabrían cómo llegar ahí o cómo habilitarse para ello, a menos que practiquen yoga, budismo o algo similar que comprenda un estudio real de las estructuras de la conciencia —cómo transmutarlas apropiada e inteligentemente, con sabiduría y balance. Eso es el estudio del poder.

El poder es algo que se abusa, algo que se usa. Supongo que el uso y el abuso son algo que está en el ojo del observador. Pero yo diría, esencialmente, que mi lente para ver el uso y el abuso es la felicidad. Felicidad no es lo mismo que placer. El placer es una experiencia inmediata y deleitable, de naturaleza muy transitoria. Y si experimentamos mucho placer, habrá una sensación de saciedad. Después de experimentar demasiado placer realmente no nos sentimos bien.

Por otra parte, la felicidad es algo que entre más tengas, mejor te sentirás. No existe algo que sea demasiada felicidad. La felicidad no sacia.

Por lo tanto, yo definiría el uso adecuado del poder como algo que crea felicidad en ti y en los demás. Y el abuso del poder te quita la felicidad. Es el enemigo de la felicidad. Todo lo que enseño como maestro budista, como maestro budista iluminado, es para dirigir un individuo hacia la felicidad —no hacia una experiencia agradable o a evitar una experiencia dolorosa, sino hacia la felicidad, hacia una sabiduría equilibrada y un conocimiento que a veces es burbujeante y eufórico o simplemente muy profundo, muy callado, muy tranquilo. Pienso que entre menos lo definamos es mejor.

Sin embargo, el poder no crea felicidad o infelicidad. Simplemente es. Depende de cómo lo usemos. La sabiduría es la fuerza que guía y dirige la felicidad. El balance es felicidad. Es la habilidad de no tener necesidad de ir más allá hoy, de estar satisfechos y de estar simplemente felices —no de evitar o exagerar, sino sólo gozar.

El poder se abusa cuando es usado para crear infelicidad. Y en particular, el abuso de poder que parece crear más infelicidad ocurre cuando una persona utiliza su poder personal para salir adelante sin importarle el bienestar de los demás, o cuando el poder se usa para bajar a planos de dimensiones inferiores. Estos son los abusos primarios del poder, y si tú los aprendes y los evitas, entonces tendrás una vida muy feliz con la práctica del budismo.

El poder puede ser utilizado para salir adelante. Tú puedes utilizar el poder para conseguir cosas que otras personas no pueden lograr, una vez que liberas el kundalini. Podrías ir a una entrevista de trabajo, y hacer que alguien más no obtenga el trabajo. Podrías concentrarte en él y simplemente no actuaría bien ese día. La gente hace esto con frecuencia. Uno de mis estudiantes es un actor que se presenta a audiciones para películas o partes de películas y con frecuencia, antes de la audición, se sienta en la sala de espera junto con otros actores y actrices que están tratando de obtener la parte. Y después de volverse más consiente del poder y cómo se usa, ha observado que algunas de las personas ahí presentes usan su campo de energía simplemente para sacar a alguien de quicio para que no le vaya bien en la entrevista. Le hablan por un rato, pretenden ser sus amigos o cualquier cosa, y al final de la conversación la persona está completamente exhausta, agotada —va y hace una audición terrible.

Las personas tienen poder y es muy importante respetar eso. La manera como yo lo veo es —todo el mundo ha tenido miles de vidas pasadas, si no más. Y quién sabe lo que alguien ha aprendido en una vida. Respeto no es miedo. Respeto es un temor inteligente. Y pienso que es una buena idea tener respeto por todos los seres, porque ¿quién sabe lo que alguien sabe o puede hacer?

Así, como digo, mi estudiante iba a esas entrevistas y algunas veces no conseguía la parte porque lo habían "sacado de onda". Alguien utilizaba el poder para que no tuviera éxito. Ahora bien, está de más decir que aunque la otra persona pudiera haber obtenido la parte, sería infeliz en su vida personal, porque cuando utilizamos el poder —creo que esto es lo más difícil de explicar o enseñar en la vida—, cuando usamos el poder para que alguien más no tenga éxito y nosotros sí, se disminuye nuestra frecuencia vibratoria. Nos hacemos más lentos. Cada uno de nosotros vibra a cierta velocidad. Y cuando la velocidad se acelera experimentamos felicidad. Nos elevamos a lo largo de la banda de frecuencias. Cuando disminuye experimentamos infelicidad, y descendemos en la banda de frecuencias.

Ahora, con respecto a la vida, lo que hace la vida valiosa de vivir es la felicidad. El éxito no necesariamente crea felicidad. Podría llevarte de gira por el oeste de Los Angeles o a cualquier otra zona de gran riqueza, donde conocerías a personas que han tenido mucho éxito en su carrera y la cantidad de dinero que ganan. Y te sorprenderá que la felicidad no florece en Beverly Hills más que en otros lugares.

La felicidad tiene que ver con qué tan rápido vibras, qué tan inteligentes eres, qué tan sutil es tu campo de conciencia, qué tan profundo eres, qué tan consciente estas de tu parte eterna. Esto es lo que crea felicidad. El placer simplemente proviene de cosas que temporalmente resultan como quieres. Pero no dura. Tan pronto como cambian las circunstancias, no estarás feliz si consideras que el cambio no es favorable. La felicidad es endémica. Es parte de nosotros. Y el budismo es el proceso de llegar a esa parte de nosotros que es eternamente feliz, para traer esa felicidad a nuestra vida física, mental y emocional, y experimentarla, disfrutarla, y conocerla.

Por lo tanto, la meditación es un proceso de acelerar la vibración. Cuando meditas, incrementas tu propio nivel de energía. Con ese mayor nivel de energía, deteniendo el pensamiento y efectuando otras varias cosas, puedes tener éxito o hacer que otros no lo tengan. Personalmente no creo que la respuesta sea hacer que otros fracasen para que tú puedas tener éxito. Es mejor tomar la incrementada energía de la meditación y usarla para tu propio éxito y no tratar de emplearla para que otros fracasen. Porque si dispones de ella para tu propio éxito serás más feliz, tengas éxito o no, y lo más probable es que tengas éxito.

Esto es lo que sugerí a ese estudiante y actor de cine mío: que simplemente no se preocupara por esto —que se diera cuenta de lo que estaba pasando, pues es bueno saber en qué calle estamos— y que utilizara toda la energía obtenida en su práctica de budismo y yoga para hacer lo mejor que pudiera, para estar en el más alto nivel de energía y para realizar la mejor actuación que pudiera. De todas maneras, que estuviera consciente de que hay gente que practica lo que podríamos llamar, no sé, magia negra, hechicería barata. Que hay personas que utilizan el poder para interferir con el éxito de otros, y no hay que preocuparse de ellos. No son gente feliz, y no necesariamente son un problema para ti, con tal de que estés consciente de lo que están haciendo. Simplemente evítalos. Así, cuando estaba esperando para tener éxito en la audición y conseguir su participación en la película, le sugerí que sencillamente evitara esas personas. Que viera alrededor de la sala, y si esto es lo que la gente estaba haciendo —desperdiciando la mayor parte de su tiempo y energía para hacer que otros no triunfaran— en vez de hacer lo mismo, tomara un libro y se sentara y lo leyera, como medio para elevar su nivel de energía; ignorando a los demás y guardando en su cuerpo la energía que ha ganado en su vida, con su duro trabajo, su meditación y la práctica de su arte, y que luego entrara e hiciera una gran presentación. Involucrarse en una ridícula batalla de poder con alguien agotaría su energía y después no tendría mucha para obtener éxito.

En otras palabras, en mi opinión, el truco es evitar a los pendejos en esta vida (Rama se ríe). Hay muchísimos por ahí. La mayoría de la gente es infeliz, al parecer intrínsecamente, y hay otros que sólo quieren ir por su propio camino, y otros que sólo quieren causarnos problemas. Las artes marciales inteligentes no son meterse en peleas y ganarlas. Las artes marciales inteligentes evitan las peleas porque éstas agotan la energía, y puedes resultar herido a pesar de que seas muy bueno, y eso no era lo que tenías en tu agenda para hoy. Simplemente porque ibas a un gran día de campo en algún lugar y no tenías intención de pelear con nadie, si tienes una pelea, y aun si la ganas, no podrás disfrutar de tu agradable día de campo. Esa fue la idea de alguien más. Por lo tanto, el uso inteligente del poder es evadir a aquellos que nos tropiezan, esquivarlos y hacer lo que queríamos hacer. Naturalmente, si no tenemos salida y la confrontación y la pelea son inevitables, es claro que podemos usar el poder y la estrategia, el balance y la sabiduría, y la iluminación para ganar. Pero la mejor batalla es la que no se realiza. La mejor guerra es la que se gana sin batalla.

Pero es importante saber que el poder puede usarse para interferir con las cosas. Temerle a esto, sin embargo, es absurdo. En otras palabras, he visto a practicantes de yoga y budismo, que le tienen miedo mortal a los poderes de brujería de otros, y esto es absurdo. Si le tienes miedo a alguien, inmediatamente le das la ventaja sobre ti y le permites que entre a tu campo de conciencia. En mi opinión, de manera general, una persona no puede hacerle daño a otra mediante el poder. La mayoría de la gente no ha avanzado mucho, no tiene suficiente poder o no sabe cómo usarlo adecuadamente. Yo no me preocuparía mucho por esto. Es sólo paranoia. Lo que sí puede hacerse es dejar que alguien nos moleste. Y si le tenemos miedo a alguien, obtiene poder sobre nuestra vida.

Pienso que mucha gente profesa tener poder, pero es un poder astral menor, y hacen que otras personas se sientan mal y obtienen poder sobre ellas, no porque tengan un poder intrínseco, sino porque el miedo inmoviliza a las otras personas y hace que funcionen mal. Ciertas personas pueden agotar un poco tu energía o tal vez puedan hacerte sentir algo incómodo. En general, eso es todo lo que pueden hacer. Es todo lo que vas a encontrar por aquí, especialmente en el Occidente. Y lo peor que te puede pasar es que te un dolor de cabeza. Pero si te da miedo, entonces cualquier persona puede abatirte y dominar totalmente tu vida.

Por lo tanto, el uso inteligente del poder consiste en no interferir nunca con el éxito de alguien más, sino en usar el mayor poder que obtengas para tu propio éxito. Utiliza el poder para detener inteligentemente a quienes pudieran causarte daño, para no tener miedo, sino simplemente para evadirlos. Y ese es el fin de la discusión.

Utiliza el poder para vibrar más rápidamente. Hay suficiente espacio en este mundo para que muchos triunfen. Tu éxito no depende del fracaso de otros. La manera de ganar la carrera no es hacer tropezar a alguien, sino entrenar duro, sentirte bien contigo mismo y simplemente tener más energía que los demás porque practicas mejor yoga y budismo. Esa es mi opinión. No sólo porque tendrás mayores posibilidades de ganar, sino porque si ganas o pierdes, siempre estarás feliz. ¿Cuál es la gran alegría de obtener una victoria, si eso te hace infeliz? Eso no es victoria, es fracaso.

Por lo tanto, no le doy mucha importancia a los poderes que tenga la gente para hacer daño a otros mediante la brujería y todas esas tonterías. Hay muchas personas infelices tratando de volver infelices a otros, y por supuesto, hay gentes que tienen una naturaleza opresiva, y desde luego, las hay que son horribles y matan y hieren a otros físicamente. Hay asesinos y dictadores y gente fuera de control, con deseos obsesivos o que simplemente están perdidos en ilusiones. Eso es parte de la vida. Pero el uso inteligente del poder en el yoga puede ayudarte a evitar ese lado de la vida y ese lado de la humanidad. Y si tienes que entrar en una batalla, puedes ganarla.

Pero lo que hace el yoga —es hacernos libres. Hacernos felices. Y nos saca de todas las trampas de la naturaleza humana que crean infelicidad. Entonces, el mejor uso del poder, el uso correcto, es para el éxito personal, y si lo disfrutas —aunque esto no es necesario— para hacer que otros triunfen. Es posible que te des cuenta de que esto te hace aún más feliz. Aumenta tu poder. Te hace vibrar más rápidamente.

Pero la línea clave, el punto de referencia, es la felicidad. Y en la práctica, es decir, en la práctica de la meditación, budismo y yoga, lo que es necesario o indispensable es simplemente extender hoy nuestra felicidad a niveles más elevados y profundos que en cualquier otro día de nuestra vida. Diría yo que si se estás haciendo eso, estas obteniendo la más alta calificación en el budismo. Y si no se estás haciendo eso, si estas en el mismo nivel, estas obteniendo una calificación de medio promedio. Y si no estás tan feliz, como lo estuviste en cualquier otro momento de tu vida, estás definitivamente reprobando el curso, lo cual significa que no se estás practicando adecuadamente. Hay algún defecto en el programa. Tenemos que leer el código —tenemos que mirar hacia tras y ver lo que es. No es por accidente. No existe tal cosa. No estás haciendo algo. Y lo más probable, es que no estas meditando apropiadamente, profundamente y completamente. Puede ser que estés tratando de brincar pasos y darle vuelta al proceso. Estas utilizando el poder incorrectamente. Tus motivos no son puros. No estas vibrando rápidamente.

Por lo tanto, se trata sencillamente de hacer un análisis de sistema de tu flujo de energía, para descubrir dónde está el problema y hacer el cambio necesario —sin que intervenga el ego, sin un sentido de bien o mal— fui bueno, fui malo —ni de culpa o remordimiento. Estas cosas no son necesarias. Son sólo estructurales. En el budismo todo es estructural. Las emociones están ahí para disfrutar la vida, pero no se usan en la autorreflexión porque inhiben la reflexión correcta. Nos manchan la reflexión. Sentir lástima por ti mismo es una pérdida total de tiempo, como lo es sentir lastima por otros. La compasión y empatía no es igual que sentir lastima por uno mismo. Son emociones que extienden el alcance de nuestra percepción. Mientras que sentir lastima por uno mismo, sentirte culpable, con esto no se consigue nada o muy poco en términos de un cambio verdadero, de una mejora de nuestro estado como seres que percibimos.

La liberación del kundalini, que ocurre meditando en la primera, segunda y tercer chakras, son la entrada a los planos de poder. Cuando te concentras en la primera, segunda y tercer chakras, tendrás acceso a los planos de poder, y con los planos de poder, por supuesto, no sólo viene el poder, sino que se obtiene experiencia en esos planos dimensionales. En general, los dos primeros planos son difíciles para el principiante de meditación. Meditar en la primera y segunda chakras no es recomendado necesariamente. Si no se tienes suficiente poder, los planos no estarán accesibles o no se abrirán, y no ganaras nada de esta experiencia. Y si se abren, pueden ocurrir potentes descargas de energía que pueden tomarte por sorpresa hasta que tengas un mejor sentido de lo que estás haciendo. Si eres un nadador novicio, y nadas en el océano con grandes olas, es posible que tengas una experiencia desagradable o que te ahogues. Si aprendes a nadar y obtienes confianza en una piscina o en un lugar donde no haya olas gigantescas, más adelante podrás aprender a dominar las olas, y realmente podrán resultar divertidas.

Por lo tanto, yo recomendaría que, inicialmente, si estas tratando de aumentar tu nivel de poder personal, dedica un tercio de la práctica de meditación a meditar en el centro umbilical, no en los dos centros inferiores. El centro umbilical activará los otros dos centros, y los planos particulares con los que se comunica son relativamente fáciles de manejar y aportan a tu ser el poder total de los tres centros. Obtendrás poder sin problemas. Más tarde en el ciclo de la iluminación, es necesario aprender cómo salir a navegar olas más grandes. Y será divertido. Pero ¿para que buscar una experiencia difícil al comienzo? Busca una experiencia agradable. No obtendrás más poder concentrándote en las dos primeras chakras que concentrándonos en la tercera. La tercera las capta todas. Cuando te concentras en la tercer chakra, ésta tiene que jalar el kundalini y subir desde el centro raíz pasando por la segunda chakra hasta la tercer chakra.

Hay lugares de poder, lugares donde existe más poder. De la misma manera que hay más poder en las chakras, hay más poder en ciertas zonas. Los llamamos lugares de poder — en el suroeste de los Estados Unidos, en ciertas montañas y desiertos y a veces cerca del mar. En ocasiones, se construyen ciudades o centros comerciales en lugares de poder. En Estados Unidos somos afortunados. Tenemos numerosos lugares de poder, especialmente en el suroeste. Naturalmente, en los Himalayas hay un gran número de lugares de poder, en la India, en el Japón, hay un gran número de lugares de poder muy fuertes. El Monte Fuji, por supuesto, es un centro muy poderoso. Hay muchos de estos lugares en toda la tierra. Y si pasas tiempo en ellos aumentaras tu poder vibratorio. Si meditas en ellos, podrás tener intensas y profundas experiencias y acumular una gran cantidad de poder.

Las peregrinaciones son viajes a lugares de poder. Los lugares de poder han sido visitados con frecuencia en el pasado por los practicantes. Por ejemplo, si vas a los Himalayas, la gente frecuentemente hace peregrinaciones a las cuevas donde meditaban Milarepa y otros grandes yoguis —no sólo para recoger la energía o vibración de las personas que meditaban ahí sino porque esos lugares fueron e intrínsecamente son muy poderosos, por lo cual Milarepa y otros los usaban para meditar.

Los nativos americanos del suroeste de Estados Unidos iban a muchos lugares de poder. Y en esos lugares de poder, podían tener profundas experiencias a través de los sueños en las que veían el futuro o sabían qué hacer, qué decisiones tomar y dónde podían ser más, sentir más y saber más. Pero ciertamente los lugares de poder en Estados Unidos no se limitan al suroeste. Existen varios en el este, el sur y el oeste medio. Sin embargo, la mayoría de ellos está en el suroeste — los planos de poder. Podría decirse, que de cierta manera, estos planos se relacionan con las tres primeras chakras. Hay lugares físicos que tienen relación con la cuarta y quinta chakras —las chakras del balance. Y hay lugares que se relacionan con la sexta y séptima chakras —lugares de sabiduría. Eso es lo que puedes encontrar ahí. Existen también lugares negativos que pueden agotar tu energía. Simplemente vibran muy despacio. Son lugares extraños y cuando estas en ellos te hacen sentirte decaído.

Entonces estamos hablando de mantenernos en un flujo puro de luz, de ser felices, aprendiendo a tener acceso al poder y a utilizarlo para aclarar nuestras mentes, fortalecer nuestros cuerpos, renovar nuestros espíritus, y en general tener una experiencia de éxtasis, exultación y sabiduría en el mundo de la iluminación. El poder hace todo esto posible. Sin poder, nada de esto es posible. No hay vida sin poder.

La última consideración en nuestro corto camino por el mundo del poder es la del maestro de budismo. Hay dos tipos de maestros de budismo: exotérico y esotérico. Nuevamente, utilizo los términos budismo y yoga intercambiablemente. El maestro exotérico de budismo es alguien que realmente no tiene poder. Sólo tiene cierto nivel de conocimiento. Es una persona que quizás ha meditado y practicado budismo por algunos años. Te pueden demostrar técnicas básicas de meditación. Te pueden mostrar algo que aprendieron de su maestro, o que han realizado por si mismos o que han aprendido en libros sobre cómo ahorrar energía, cómo aumentarla hasta cierto punto. Quizás han alcanzado un nivel de cinturón superior en el mundo interno quizás más alto que del estudiante, el nuevo estudiante. Pero no tienen verdadero poder. Pueden hacer que una persona sienta cierta cantidad de energía o alterar ligeramente su conciencia. Pero no tienen el conocimiento o el balance necesario para ser un maestro esotérico —el poder puro.

Un maestro esotérico o iluminado de yoga y budismo es alguien que obviamente ha alcanzado la iluminación, y que tiene la habilidad de transferir —de la misma manera como le damos dinero a alguien, si tenemos mucho o ganamos mucho— ellos tienen la habilidad de transferir poder a otro individuo, a alguien quien pudieran conocer o generalmente a uno de sus estudiantes. A esto se le llama una transmisión de poder. Una verdadera transmisión de poder no es sólo una ceremonia. Para hacer una transmisión, obviamente una persona tiene que ser altamente poderosa, tener el poder y también el conocimiento estructural de cómo transferirlo a alguien más. Hay muchas maneras de hacerlo. Es algo muy complicado.

La razón por la cual debes de estudiar con un maestro, en vez de dedicarte al budismo y al yoga por tu propia cuenta, es principalmente por la transmisión de poder, para que alguien iluminado y poderoso te transfiera poder regularmente. Porque con el poder transferido, puedes entrar más rápidamente al mundo de la iluminación. Si obtienes una beca y vas a la universidad o a una facultad superior, podrías dedicar más tiempo a estudiar y a progresar más rápidamente y a rendir más en tus esfuerzos escolásticos. Si tienes que salir a trabajar 30 horas a las semana en un sitio de comida rápida, podrías aprender cosas interesantes y consumir muchas hamburguesas y papas fritas, o lo que sea, pero no estarás empleando el tiempo que podrías dedicar tus estudios.

Por lo tanto, los maestros transfieren poder a sus estudiantes para que puedan progresar más rápidamente. Para que puedan meditar mejor, y posiblemente tengan más éxito en su carrera, de manera que puedan gastar menos tiempo en ella y tengan más tiempo para meditar y hacer otras cosas. Pueden curarlos de alguna manera, ayudarlos con su cuerpo físico. Hay millones de aplicaciones del poder. Pero lo más importante es que el estudiante utilice ese poder sabia e inteligentemente. La razón principal para estudiar con un maestro iluminado es que nos da poder. Y con ese poder, el kundalini se hace más activo y pasa por las chakras más rápidamente, y podrás ver y operar a niveles que no podrías mantener normalmente.

Como dije antes, hay un nivel de kundalini normal que tiene la mayoría de la gente y que está en la primera chakra o en algún lugar entre la primera y segunda chakra. Un maestro iluminado tiene todos los siete centros abiertos todo el tiempo. Su kundalini está siempre en la cima. En la sesión de meditación individual, elevamos el kundalini hasta cierto grado por poco tiempo —Aunque nuestro nivel normal sea la primera o la segunda chakra, podemos elevarlo hasta la cuarta, quinta o incluso hasta el sexto nivel. Pero solo estará ahí por unos minutos y luego retrocederá. Gradualmente, haciendo esto una y otra vez —por muchos días y meses— el nivel cambia de manera regular y existimos en niveles de kundalini más altos todo el tiempo.

Al estudiar con un maestro iluminado, él nos transfiere poder individualmente cuando lo vemos. Pero si eres aceptado como uno de sus estudiantes, siempre te estará transfiriendo cierto grado de poder desde su aura. De manera que, en vez de permanecer entre la primera y segunda chakra, podrás vivir en la tercera o cuarta chakra todo el tiempo, o quizás aún más arriba. Todo depende de cuán adepto y qué tan diestro seas con el uso de la transferencia de poder. La transferencia de poder hace muchas cosas diferentes. Hace que una persona triunfe, sea feliz, y que tenga éxito material y espiritual. Pero este no es el único motivo por el cual vamos a un maestro —también vamos a un maestro para aprender balance y sabiduría.

Sin balance y sabiduría, el poder ser vuelve muy destructivo. Crea infelicidad en vez de felicidad. Y simplemente ver a un maestro para obtener poder es un error. Obtendrás poder, pero con tu actual estado mental, probablemente generaras más infelicidad que felicidad para ti mismo.

Vamos ver a un maestro iluminado para obtener un buen sentido del humor, para aprender acerca del balance y la proporción, y por supuesto, para adquirir sabiduría; para aprender a cultivar inteligentemente la mente superior y usar sólo el poder que el maestro nos transfiere y que nos enseña a desarrollarnos por nosotros mismos mediante la meditación y ciertas prácticas; a usar ese poder para tener éxito y crear felicidad y no para bloquear el éxito de otros; para obtener control emocional, control mental, control físico y control espiritual, de modo que podamos lanzarnos a los más hermosos estados mentales —al éxtasis, a estados mentales de iluminación donde podemos hacernos uno con nuestra parte eterna; y para evitar obstruir a otros o interferir con ellos, porque eso disminuirá nuestra felicidad, retardará nuestra tasa de vibración y en general nos hará descender y nos volverá infelices.

Un maestro te enseña —un maestro iluminado— te enseña cómo usar el poder, cómo obtener poder. Te da poder. Te enseña cómo moldearlo para que se convierta en un instrumento de belleza y no un instrumento de infelicidad; en un instrumento de plenitud y de experiencia superior, y no un instrumento de frustración personal o frustración para otros.

Entonces usa el poder muy cuidadosamente. No tengas miedo de tenerlo. Tienes que tenerlo para obtener éxito. Pero también debes aprender a tener balance y sabiduría, además de liberar el kundalini, si quieres tener una vida feliz e iluminada.

4. Balance

Balance. El balance espiritual es la habilidad de ser felices a pesar de las circunstancias. El balance espiritual es la respuesta obvia a la obsesión que a veces acompaña a la práctica religiosa, a la práctica oculta, o a los conocimientos filosóficos. La obsesión —es la certeza de que estamos en lo correcto, de que lo que estamos haciendo es mejor que lo que alguien más está haciendo, de que la manera como lo estamos haciendo es mejor que la de alguien más.

El balance espiritual consiste en como manejas la oposición, la oposición fuera y dentro de ti mismo. El balance espiritual es tai chi. Es el centro de las cosas. Es el lugar donde el yin y el yang se encuentran, donde todas las cosas se juntan. En las chakras, es la chakra del corazón, anahata, la chakra central —tres chakras arriba y tres abajo— que simboliza felicidad y amor, unidad psíquica, entendimiento espiritual.

Pura y simplemente, el balance es felicidad —felicidad en la práctica espiritual, felicidad mientras meditas, felicidad mientras trabajas, mientras juegas, en el placer y en el dolor, en la enfermedad y en la salud, en la vida y en la muerte, en todas las circunstancias. Eso es balance.

¿Cómo lograrlo? (Rama ríe) ¿Cómo puedes mantenerse el balance en un mundo como éste? Debes estar bromeando, ¿verdad?

Pues bien, el mundo siempre ha sido de esta manera, por lo menos en una forma u otra. Es decir, estoy seguro de que en la Edad Media, en la antigua civilización China o en el mundo de los misterios de Egipto, en la antigua Atlantis —selecciona un universo, un cosmos, no importa— siempre hay algo que está pasando. Siempre hay alguien en tu situación. Los perros tienen pulgas; los seres humanos se tienen uno al otro. Nacemos para morir. La vida es una tragedia continua, una tragicomedia. Todo y todos a quienes amamos sufren. Nosotros sufrimos. ¿Cómo puedes ser feliz? La vida es un espectáculo de horror, ¿no es así? Bien, seguro, ciertamente, es decir, sí, obviamente. Quien no se da cuenta de esto no ha crecido ni conocido la vida.

El balance espiritual es la habilidad, a pesar de todo esto, de mantenerte feliz —de no ser hostiles con tus vecinos cuando ellos se muestran hostiles, de no enredarnos en banalidades. El balance espiritual, en otras palabras, es la habilidad de escalar la montaña y estar en un mundo de luz. La falta de balance espiritual consiste en dejarse arrastrar por los detalles de la vida e intentar hacer todo a la perfección para escalar la montaña espiritual, que realmente nunca llegamos a hacerlo.

Querías salir a correr hoy, pero tenías tantas cosas que hacer primero, y correr es tu actividad favorita —es cuando te sientes mejor, cuando tu cuerpo está vivo, tu mente despierta y todo está bien. Pero tenías que tender la cama, tenías que meditar, tenías que trabajar, tenías que limpiar. Y cuando llego el momento de correr, estabas tan cansado que no lo hiciste. Eso es la falta de balance espiritual.

El balance espiritual es la habilidad de sobreponerse a todo esto, de ver que hay algo más noble —llamémoslo divino, feliz, radiante, brillante— a esto que llamamos vida. El balance espiritual es la habilidad de ser sincero contigo mismo. El propósito de la vida es la felicidad. ¿Qué más podría ser? El propósito de la vida es, por supuesto, algo que nosotros escogemos. La vida no tiene un propósito. No seas absurdo. El cosmos simplemente es. Pero al escoger un propósito, en yoga, en el budismo, aprendemos que escogiendo un propósito escogemos un resultado. Nuestro propósito, nuestra intención, es el resultado inmediato. De manera que si sientes que el propósito de la vida es la felicidad, la iluminación, el entendimiento, entonces eso será lo que experimentaras. Si sientes que el propósito de la vida es la lucha, la aptitud Darwiniana, es decir, la de perro come perro, entonces me imagino que te comerá un perro… No sé lo que pasará. O tú te comerás al perro. Tú experimentas o te conviertes en aquello en lo que te enfocas —esta es una de las reglas principales en yoga.

El balance es entonces escoger la felicidad, sentir que el propósito de la vida es amar —no necesariamente ser amado— ser feliz, ser consciente, estar alerta, estar realizado. Y si eso es lo que buscas, eso es lo que encontraras. Yoga y budismo son simplemente una metodología, una forma de hacernos uno con esa parte de nosotros, con la parte de nosotros mismos que es feliz. Hay otras partes. Hay partes que son miserables. Hay partes indiferentes. Hay partes que odian. Hay partes que aman. Hay partes que son crueles. Hay partes que son amables. Hay partes que son razonables. Hay partes que son irrazonables. Tu sabes, tú vives dentro de tu mente ¿A quién quieres engañar? No estas engañando a nadie. Tú sabes lo que ocurre en tu mente. Todo —todo. Y entre más moral pretendas ser, menos moral serás. Lo menos moral que trates de ser, lo más moral que serás. Tú sabes cómo es eso. Todos lo sabemos. Todos vivimos en ello.

Y la experiencia de todos es más o menos igual. Frustrante, algunas veces feliz. Pero algunas personas han encontrado un secreto para vivir, un secreto para la felicidad. Practican yoga y budismo, budismo esotérico, yoga esotérico. No simplemente vistiéndose bien para ir al templo y participar en una ceremonia. Ese es el budismo de iglesia. El verdadero, budismo esotérico, el yoga verdadero, es ir más allá de este mundo. Incluye el uso de la mente —llevar la mente desde los planos de la tierra y transferirla a planos de felicidad pura y perfecta, transferir nuestro campo de conciencia más allá de esta vida, más allá de este momento, a los planos de luz.

Los planos de luz existen, así como la tierra existe, como los océanos existen, como las edades existen, los planos de luz existen. Están inmediatamente más allá de esta dimensión, un poco más lejos en la misma calle. El yoga es el método de unificar las energías del cuerpo, de la mente y del espíritu y de dirigirlas hacia el infinito, hacia los planos de luz, hacia una creación perfecta que está dentro de nuestra mente.

Los planos de luz están dentro de tu mente. El infinito está dentro de tu mente. La eternidad está dentro de tu mente. La felicidad, el Grinch —todo está dentro de la mente, todos los cielos e infiernos y todo lo que se encuentra entre ellos o fuera de ellos. Nirvana está dentro de la mente —no en el cerebro ni en las estructuras celulares— en la mente. El principio inteligente, bodhi, conciencia, atención, lo que somos, lo que queremos ser —todo está dentro de la mente. La pregunta es ¿dónde está? ¿Cómo llegar ahí? ¿Te va a satisfacer? ¿Habrá un mayor éxtasis, una felicidad mayor?

Por lo tanto, el balance, el balance espiritual es el principio que permite que la mente se mantenga serena. No puedes esperar que el mundo se estabilice, que todo funcione bien, para practicar la meditación y ser feliz. Si estas esperando a la persona perfecta, la meditación perfecta, el día perfecto, no hay nada así. Tú eres la persona perfecta. Este es el día perfecto y esta es la meditación perfecta. La vida es lo que tú haces de ella. Pero tienes que hacer algo. Tienes que controlar a la mente. Tienes que elevar tu poder y hacer algo, no simplemente estar echado.

Como dice el Dr. Seuss: "No puedes simplemente estar sentado en esa sala de espera" (Rama ríe). Todo el mundo está en la sala de espera de la vida en *"¡Oh, cuán lejos llegarás!"*, su último libro o uno de sus últimos. Todo el mundo está esperando, esperando, esperando, esperando, esperando. Esperándolo todo. Tienes que ir a hacer algo. Yoga no es esperar. Es hacer algo, hoy. Y el balance es la parte más difícil. De todas las cosas del yoga, de todas las cosas del budismo, del descubrimiento personal y del ciclo de la iluminación, el balance es lo más difícil porque se pasa desapercibido. No es intrínsecamente lo más difícil. No es más difícil que otras cosas. Pero, porque lo subestimamos, porque realmente no lo consideramos con suficiente profundidad, es por lo que lo pasamos por alto. Nosotros pensamos, en otras palabras, que no es importante el obtener balance.

En las artes marciales una de las primeras cosas que aprendes, una de las cosas más importantes, es tener balance. Si no tienes balance, cualquier persona te puede hacer caer. Si tienes balance, entonces tendrás buena forma. Sabes que te podrás defender.

El balance es el principio central en la construcción, en la arquitectura y el diseño. Si algo no está en balance se derrumba. Se cae. Es un principio. Es una forma de tratar de hablar acerca del centro de las cosas, de una manera. Estar en balance es ser feliz. Cuando estas feliz, estas en el centro de las cosas. Cuando estas feliz, es bastante difícil que te hagan caer. Puedes enfrentar cualquier cosa que venga en la vida. Puedes afrontar los días brillantes, días oscuros y días intermedios.

Así pues, la felicidad se encuentra principalmente en la meditación. Cuando los ojos están cerrados, cuando la mente se aquieta, cuando estas concentrado en un chakra y pasas por la puerta mágica al mundo interior donde todo está sereno y es hermoso y perfecto, y dejas que la mente se relaje y fluya hacia la eternidad, hacia la luz, hacia el resplandor y hacia la felicidad, ahí está. Pero tienes que conectarte con ella. Tienes que esforzarte. Entonces notaras que una sonrisa sutil se formara en tu cara; una ligereza llenara tu ser, una luz.

Todos los falsos y aburridos pensamientos que tú piensas, todas las ridículas filosofías, las necesidades, todas las cosas que no importaran cuando tu mueras, que sin embargo parecen tener una abrumadora importancia cuando estas vivo —todo eso desaparece por un momento, por unos minutos. Durante un tiempo se desvanece la pesadez, y la gran responsabilidad de ser humano desaparece. Y puedes jugar en los campos de luz. Puedes jugar en la eternidad, en la luminosidad. Y esa luminosidad es poderosa. No es simplemente una felicidad transitoria que experimentas en la meditación y que crea balance. Es una luz transformadora. La luz transforma, la luz interior es muy poderosa. La luz interior es lo más poderoso que existe.

Como tú sabes, a veces es difícil ver algo en la vida humana. Es decir, vemos lo que vemos. Si entra la neblina, no podemos ver nada. Si permanece ahí por un tiempo, olvidamos que hay algo que ver en esa pared de niebla. Varios cientos de yardas de distancia es el perímetro de nuestra visión, y la mente se ajusta automáticamente y olvidamos que hay algo más. Nos ocupamos de lo que podemos ver entre nuestro sitio y el banco de niebla. Estoy sentado aquí viendo el banco de niebla y preguntándome si puedo obtener un mayor interés en mi cuenta corriente. No sé.

A lo largo de la bahía pasan los botes rápidos y la niebla está llegando. Hace un poco de tiempo, cuando comencé esta plática, podía ver varias millas a lo lejos. Pero ahora sólo puedo ver hasta unas cuantas yardas de distancia. Eso es lo que llamamos maya, ilusión, representada simbólicamente. La niebla nos impide ver lo que está ahí mismo, y nos olvidamos de ello.

La mayoría de la gente está tan inmersa en la vida que olvida que el propósito de la vida es ser felices —que la felicidad es algo maravilloso. Pasan tanto tiempo tratando de ser felices que cuando llega la hora de serlo, lo olvidan. La felicidad simplemente se aleja. Nadie puede hacer nada por ti, excepto tú mismo. Nadie te puede hacer feliz, sino tú mismo. Las cosas nos ocupan, las personas nos ocupan, pero no nos hacen felices, si somos sinceros con nosotros mismos. Lo que nos hace feliz es tener una experiencia espiritual, experimentar el espíritu, algo no tan burdo como toda la materia que nos rodea. Lo material es divertido por un tiempo, pero en ultimadamente, es la experiencia espiritual, la trascendencia extática, donde saltamos más allá de lo que conocemos y llamamos al mundo hacia a la luz eterna donde nada es seguro, nada es cierto —a la experiencia del éxtasis en la meditación más profunda— esa es la felicidad o como la prefieras llamar: paz, quietud, algo más allá de las frustraciones pasajeras. Más allá del dolor del cuerpo, de la desesperación, de la desilusión de la mente, del agobio del corazón, más allá de todas esas tonterías, está la luminosidad.

Yoga es plenitud —estar sentado, meditando, llevando una vida alegre, compacta, brillante y eficiente, echando fuera el ego y la prepotencia, desechando las cosas que nos lastiman, cuando lo hacen, y aferrándonos a las cosas felices. Cuando las cosas cambian y empiezan a lastimarnos, déjalas ir. ¿Qué otra cosa sería inteligente? ¿Qué más podemos hacer?

Amas a alguien, y lo amas porque es feliz hacerlo, pero de repente no te sientes feliz amando a esa persona. ¿Qué debes hacer? Estas afligido ¿Dejar de amar? Realmente no. Si dejamos de amarlo, simplemente traslada el amor a otro lugar. Si tienes dinero en el banco y cae la categoría de crédito del banco y eso nos causa un problema, no por eso dejamos de usar un banco. Simplemente trasladamos el dinero a un banco mejor.

El amor tiene muy poco que ver con una persona. Viene de nosotros. Sorprendentemente, podemos amar a un gran número de personas. Sólo tienen que estar dentro de los parámetros adecuados. El amor viene de nosotros mismos, no de nadie más. Podemos amar al infinito, la eternidad, los perros escoceses, los deportes, el trabajo, el juego, el sentimiento de estar vivos, la tierra, el cielo, el fuego, el viento, los autos lujosos, las piscinas, las experiencias desafiantes, los conocimientos tecnológicos. Hay una gran cantidad de cosas que puedes amar. El amar es tener balance, el extenderse más allá del sentido de uno mismo, de lo que me importa a mí hoy, de lo que pienso que me va a satisfacer, de evitar lo que creo que es infeliz. Eso es balance. Eso es felicidad.

Si te vuelves obsesivo en tu práctica espiritual, si intentas, e intentas, e intentas, e intentas, y si empujas y empujas, no vas a ser feliz. Vas a ser obsesivo. Si tratas de que todo funcione perfectamente, de que todo salga como quieres, una que otra vez sucederá. Eso será hermoso, pero también lo es cuando no sucede. Algunas veces también es hermoso cuando suceden cosas inesperadas. Es decir, ¿qué es la perfección en lo físico después de todo? Es sólo una idea que tenemos. Y cuando no sucede de esa manera, nos descomponemos y quedamos frustrados, enojados y luego infelices, y la tomamos con todo el mundo, incluso con nosotros mismos.

En la otra mano —tenemos cinco dedos— en la otra mano, las posibilidades de la perfección, más allá del concepto de orden limitado que pueda tener un individuo, las posibilidades son mayores. Tomemos las matemáticas del caos, por ejemplo. Supongo que el universo es caos. Podemos verlo como caos, pero esto sería una simplificación. Es hablar sin fuerza. Una conversación débil. Es lloriquear (Rama ríe). Los que lloriquean dicen que hay caos. No hay caos. Sólo hay personas que no entienden lo que está ahí afuera, y tienen una etiqueta para ello, y no quieren tener nada que ver con ello; de manera que lo llaman caos cuando está más allá de su entendimiento. Pero no hay caos. Hay sólo diferentes niveles de orden en el universo. Caos, las matemáticas del caos, son esencialmente el estudio del caos, es decir, no puede ser caos si podemos estudiarlo y tiene un orden. Simplemente hay diferentes tipos de orden.

No seas llorón. No digas que no puedes ser feliz, que no puedes ser iluminado ¿Cómo lo sabes? Todo es caótico. Nada funciona siempre bien. Claro está, hay cosas que funcionan bien todos los días, luego se disuelven y viene otro día. Hay crecimiento, maduración. Observa el crecimiento de una planta. Dime que las cosas no funcionan. Todas esas células trabajando juntas, que se esfuerzan en buscar la luz, que hacen brotar nuevas brotes, nuevas hojas. La vida es un milagro — con todo ese ácido ribonucleico trabajando. La vida es un milagro, es milagrosa. Nosotros somos milagros. Por lo tanto, no nos niegues la posibilidad del milagro de la felicidad, porque entonces estarás en balance. Puedes acercarte a todo, o a nada, y todo estará bien.

He enseñado yoga y budismo por largo tiempo, durante muchas, muchas, muchas vidas. He tenido muchos estudiantes, discípulos. Hace mucho tiempo, muchas vidas atrás, tuve grandes maestros, radicales, maravillosamente radicales maestros, que me llevaron por el ciclo de la iluminación, de la misma manera que estoy llevando a algunos individuos por el ciclo de la iluminación en esta y otras vidas. Y lo que he notado, lo que aprendí de mis propios maestros hace mucho tiempo en otro universo, lo que he observado en estudiantes exitosos que he tenido durante mis vidas, es una cualidad que creo que puedes desarrollar. Pienso que es algo que está en cada uno de nosotros, y que es una cualidad de gentileza pero con firmeza, de ingenuidad pero con madurez, de optimismo pero con un sentido de que no va a ser fácil, si no imposiblemente difícil, pero que vamos a lograrlo de todas maneras, una cierta fortaleza callada que una persona renueva por su amor a la luz.

La gente va y viene en la práctica espiritual, como en todo. Pero también están aquellos que se quedan y crecen y realmente lo logran, se desarrollan, se vuelven trascendentalmente felices y extáticos, brillantes más allá de toda concepción. Creo que los que hacen eso, tienen un amor por la luz que permite que ella se desarrolle. Creo que la mayoría de las personas son gallinas, son llorones, como decimos en el este de Los Angeles: "¡Chillones, hombre! ¡Son chillones!". Tienen miedo de experimentar su lado brillante.

Tienes que tener valor en la vida para permitir que la luz se apodere de tu ser. Es fácil ser majadero. Basta mirar el mundo (Rama ríe), ser desdichado cuando tienes tantas razones para ser feliz: eso es lo que yo llamo ser majadero. Cuando te dieron este cuerpo humano en este extraño, e interesante mundo, con la posibilidad de explorar tantas cosas, no solo yoga y budismo, pero hay tantas cosas interesantes en las que podemos poner la mente, el cuerpo y el espíritu. Ser infelices con todas estas cosas raras alrededor de nosotros me parece un desperdicio —eso es una majadería.

La inteligencia, por otra parte, consiste en tomar lo nuevo de cada momento y ser creativo, no simplemente sentarse y si no hay nada bueno en la televisión, sentirse frustrado, sino más bien apagar el aparato, desconectarlo, y ¿sabes qué? Puedes ir a practicar a remar en una lancha o a esquiar a campo traviesa. Has algo. No te quedes en la sala de espera de la vida —esperando, esperando, esperando a la persona perfecta, la profesión perfecta, el maestro de meditación perfecto, lo que sea. Simplemente ve a hacer algo, algo divertido, algo lleno de luz. Aprende algo. Sé un estudiante de la vida.

Pero si eres un llorón, quejumbroso, lamentador, nunca vas a ser feliz. Todos tenemos ese lado, pero podemos controlarlo. Sé un poco estoico y soporta el dolor. Y después mueve tu atención hacia otro punto con la fuerza de voluntad. Estudia las grandes enseñanzas de los maestros, lee libros que expandan tú conciencia, libros iluminadores. Ve películas, obras teatrales, formas de arte que eleven tu conciencia, que te muestren cuán bello es este mundo, qué bellos son otros mundos, que hermoso el nirvana —lo trascendental— es.

Tú sabes, relájate. La vida es trabajar duro no importa lo que hagas. Siempre habrá dolor. Siempre habrá placer. Pero lo que no siempre va a estar ahí es el balance, la felicidad. Eso es una decisión personal.

Esto es lo que estoy tratando de decirles, jóvenes amigos. Ser feliz no es algo que te suceda porque has nacido y porque vives en esta tierra. Ni es algo que te ocurra porque eres rico. Tengo un gran número de estudiantes influyentes, que no son necesariamente felices. La riqueza no los hace felices. Conozco mucha gente rica en la zona occidental de Los Angeles y en otros lugares. No son necesariamente felices. El dinero no te hace feliz. Si puedes tener algo de dinero, que bueno, pero eso no es el boleto de entrada. La salud es buena. No te hace feliz. Solamente te das cuenta cuando si no está ahí. La fama no te hace feliz. Sólo hace que te veas muy seguido en el espejo, que te preocupes de cómo te verás hoy enfrente de tu audiencia. Esas son cosas divertidas que puedes buscar, si te interesan, pero lo que te hace feliz no es haber nacido, no es tener un cuerpo humano, no es este mundo. Es una decisión. Es una decisión que haces todos los días y que renuevas, para fortalecerte.

Decide ser feliz. Encuentra cómo. Encuentra a la persona más feliz que conozcas, no feliz en un sentido simplista. No hablo de Rodney Dangerfield, que me hace reír, pero de quien no tengo idea si es personalmente feliz. Encuentra a un maestro especial, alguien que no solamente parezca majestuoso y diga palabras correctas, sino alguien que es obviamente, intrínsecamente feliz en forma profunda y serena. Alguien jocoso, alguien que puedas ver realmente a fondo más allá de la personalidad externa y vigilante que elija manifestar, alguien que esté en paz consigo mismo. Alguien que esté bien conectado. Puedes aprender la felicidad de alguien que la conoce, de la misma forma que aprendemos matemáticas de alguien que las conoce.

Es una forma de ser. Es una decisión consciente, y el atajo a la felicidad, al balance espiritual, es meditar. Si meditas dos veces al día y no simplemente te quedas sentado, sino que realmente meditas, elevas su capacidad de atención con el poder de la voluntad a una esfera de conciencia más clara, aprendes la disciplina de la meditación y la practicas, en lo posible, en una forma bella —si haces esto y tienes un maestro que te dirija, y no solamente alguien con buenas relaciones públicas, entonces encontrarás la felicidad. Pero ésta no viene porque sí. De otra manera todos serían felices en este mundo. Casi nadie es feliz, incluso ni por un momento. Date un paseo hoy y ve cuanta gente sonríe. No muchos. Observa que preocupados están. Ve que infelices y estresados se ven. No importa si pasamos por un barrio pobre o por Beverly Hills, están estresados. Ellos no son felices ahí.

E incluso quienes son felices, lo que ellos llaman felicidad, es simplemente ver el banco de niebla. Pueden ver un centenar de yardas de distancia y eso es todo. La verdadera felicidad es algo que la mayoría de las personas nunca conoce. Lo que experimentamos en yoga, en la meditación profunda, es un éxtasis que está más allá de lo que los seres humanos llaman felicidad. Sin embargo, es lo que experimentan los seres humanos que practican yoga.

Si estas interesado en la felicidad, si deseas tener balance en la vida. Si quieres poder manejar la vida y la muerte, el éxito y el fracaso, entonces sugiero que practiques yoga y budismo, no hacerlo mecánicamente, no hacer lo que lo que los demás hacen. Encuentra un maestro que es feliz, enfoca tu vida en cosas felices y hermosas, pon una sonrisa en la cara a pesar de que no se sientas dispuesto.

No te quedes sentado. Has algo. Y no esperes que sea divertido a menos que tú lo hagas divertido.

Tienes que trabajar en algo. Es entonces cuando eres feliz. Trabaja en algo, no sólo con obsesión sino con una sonrisa, con un sentido de claridad. Es difícil emprender algo. La felicidad no significa que todo saldrá bien. Generalmente nada resulta bien, pero de todas maneras debes disfrutarlo. A veces es divertido hacer el esfuerzo, usar la fuerza de voluntad para ver qué tan lejos puedes llegar en la vida. En la universidad y en el colegio, obtener altas calificaciones —es el juego en que estas. Si no juegas ese juego, te estás perdiendo de la diversión. ¿Qué tan altas calificaciones puedes sacar? En el mundo humano es ¿cuánto dinero podemos hacer? Si te pierdes de eso, te estás perdiendo de la diversión.

Hay maneras de utilizar la fuerza de voluntad creativamente. Cuando te sientas a meditar es ¿qué tan alto puedes llegar?, ¿cuánta luz puedes obtener? Cuando haces ejercicio es ¿qué tan bueno puede ser el entrenamiento? No es forzar tanto el cuerpo que te lastimes y al otro día no puedas volver a hacer ejercicio. Pero dentro de este parámetro, ¿qué tanto puedes esforzarte? Cuando te relajas, se trata de que te relajes completamente y te dejes ir. Cuando amas, es amar completamente y luego, si nos lastiman, trasladar nuestro amor a otra parte.

Así pues, el balance es sabiduría. Es la habilidad de ser feliz en medio de las circunstancias más caóticas, o incluso aburridoras o pasajeras de cualquier tipo. Pon una sonrisa en tu cara. Hazlo.

No te sientes en la sala de espera de la vida. Has algo, con felicidad. Con optimismo, incluyendo meditación, yoga y budismo.

5. Sabiduría

Sabiduría. Sabiduría es la habilidad de hacer dos cosas al mismo tiempo —estar en este mundo y ser de él, disfrutarlo y participar en él completamente y con éxito, y al mismo tiempo, no estar aquí en absoluto, estar en dimensiones de luz, estar en estado superconsciente, estar en samadhi, más allá de todo esto. Eso es la verdadera sabiduría.

Sabiduría es la habilidad de hacerte cargo de tu vida apropiadamente, saber lo que es bueno para ti, haber evaluado lo que es el camino correcto y seguirlo con el corazón, con pleno espíritu y con toda la mente y el cuerpo —sin reservaciones. Cuando haces algo a medias, no obtienes grandes resultados. Cuando haces algo plenamente, obtienes un gran resultado.

La sabiduría es la habilidad de dejarse ir. Los niños son sabios en una forma curiosa. Tal vez su intereses no está tan comprometidos; ellos no han desarrollado mucho interés en sí mismos. Por lo tanto, simplemente pueden dejarse ir. Se pueden trasladar con facilidad de un vecindario a otro, de una escuela a otra. A medida que crecen, se les hace más difícil. Hay cierta sabiduría, una falta de autoconciencia, que es inocencia. Creo que la inocencia es la mayor sabiduría.

Ser sabio no siempre significa tener una cara arrugada y ojos brillantes. Generalmente lo es. Ser sabio es estar serenos interiormente, ver los movimientos de la eternidad en la vida cotidiana y más allá. La verdadera sabiduría es libertad. La verdadera sabiduría es la iluminación. Al mismo tiempo, la sabiduría tiene un lado práctico —la capacidad de hacer buenas decisiones. La mejor decisión que alguien puede hacer es educarse. No puedes educarte demasiado. Es como en Beverly Hills —dicen que no puedes ser ni muy delgado ni muy rico. Pues bien, en el mundo de la sabiduría, no puedes ser demasiado sabio.

La sabiduría se busca a sí misma. Entre más sabio te vuelves, más cuenta te das de que hay más que saber. Hay una sabiduría mundana —la sabiduría del éxito, la sabiduría del logro, de cómo manejar las cosas, la política, un sentido político de la vida. Ser perspicaz, claro, enfocado, sin mostrar todas tus cartas, sin dejar saber a nadie realmente quién eres o cómo eres —en eso hay cierta sabiduría. ¿Por qué a saberlo alguien? Es personal. Quiénes somos es privado. Aparte, si te defines tú mismo, entonces estas definido. La gente tendrá una impresión fija de ti. Te mantendrán en su mente de cierta forma, y eso hace que sea difícil cambiar.

Es muy sabio ser inaccesible —no ocultarse, sino simplemente no ser demasiado personal. Por lo tanto, mantén los sentimientos más profundos de tu corazón, dentro de ti mismo. Se mantendrán más puros de esta manera. Hay cierta sabiduría en eso.

Sabiduría es saber que si te puedes doblar, no te tienes que romper. A veces es necesario ir con el flujo de la vida, dejar que la vida dicte la experiencia y no necesariamente permitir que nosotros la dictemos. En otras palabras, digamos que querías construir una casa, visitaste un sitio y tuviste una idea de cómo sería la casa en ese lugar, y construiste esa casa. Eso no es sabiduría. Esa es tu idea de una casa. La sabiduría sugeriría que vayamos al sitio y lo sintamos —que sintamos su presencia y su ausencia. Determina si la casa debe ser construida ahí, basada en las sensaciones de ese lugar. ¿Qué es lo que el sitio quiere? Luego permite que la forma de la casa — el tipo de casa— venga hacia nosotros, permitiendo que el lugar la dibuje a través de nosotros. Eso es sabiduría.

En otras palabras, en Occidente, generalmente se piensa que los sabios son líderes. En el Lejano Oriente, se piensa a menudo que los sabios son seguidores. Es una sensibilidad diferente. La sabiduría aquí significa que somos los jefes, que somos los superiores, que somos los patrones. Y esta es ciertamente una forma de sabiduría. Pero hay otra clase de sabiduría, la sabiduría de no tomar la delantera con nuestro ego, sino permitirnos estar tranquilos, reflexionar, meditar, estar conscientes y ver que hay modelos que te guiarán en la vida.

En el universo hay modelos que podemos seguir. La mayoría de la gente no puede verlos. Son como indicadores. Están ahí para mostrarnos lo que hacer y lo que no hacer. Pero para verlos tienes que callar la mente y aquietarla. Tienes que ser sereno y balanceado, feliz con tu vida, con quien eres y con lo que estás haciendo. Porque si tu espíritu está en un estado de confusión, si estas inquieto emocionalmente, si no estás feliz, si no puedes tranquilizarte, entonces realmente no puedes ver nada más que tu propia inquietud. Si el lago está agitado y tiene muchas olas, no puedes ver bajo las olas. Está agitado. Está lodoso. Si dejas que el lago se calme, si esperamos hasta que se aquiete, el lodo se asentará. Las olas se detendrán y podrás ver hasta lo más profundo y saber lo que ocurre ahí.

El amor es una clase de sabiduría. Hay sabiduría en el amar. El amor es algunas veces placentero, algunas veces doloroso, algunas veces extático. Pero hay una sabiduría, un conocimiento, que viene de amar. Pienso que es un error no amar. Creo que algunas personas piensan que la práctica espiritual es divorciarse del amor y de todas otras emociones. Creo que no es así. Pienso que uno debe amar aún más profundamente y sin sentir que lo que amamos es una posesión personal.

El amor te hace más sabio. El dolor no necesariamente te hace más sabio —simplemente te hace más cauteloso. El amor significa comunicarse, estar en comunión, ser parte de algo. El amor une. El dolor divide. El odio divide aún más. El odio nos separa y nos hace descender a un plano muy físico. El amor nos eleva a un plano espiritual.

Creo que si eres realmente sabio, amas a la vida muy profundamente. Amas a tu vida, las cosas de tu vida, tan pasajeras como puedan ser, las amas —los momentos, el sentimiento de estar vivo, el sentimiento de la mañana, del atardecer, de la noche, el viento y la manera en que se siente, el color de las rocas, la tierra, los sonidos de la ciudad, los sonidos y sentimientos de la gente. Hay algo en esta fábrica de la vida que es hermosa, y pienso que si encuentras que el mundo es sencillamente desagradable, no creo que eso sea un signo de sabiduría. Pienso que es señal de una falta de sabiduría.

Es cierto que hay lugares donde no quieres estar porque no te sirven. Hay cosas que te agotan, o que te elevan. Pero no ver la belleza, el romance en el universo —en otras palabras, simplemente porque no funciona para ti eso no significa que no sea maravilloso para alguien más. Creo que la sabiduría es la habilidad de darse cuenta de que todo el mundo tiene su propio dharma, que cada quien va por su propio camino. Y que tú camino y lo que sirve para ti no es el máximo bien. Puede ser el máximo bien para ti hoy. Ser flexibles y saber que otras personas tienen diferentes caminos, y que tal vez tú también tienes otros caminos que no has descubierto, que mañana puedas abandonar la forma de hacer las cosas y de quién eres y cómo debes ser —eso para mí es sabiduría— ser flexible, ser lúcido.

La sabiduría tiene que ver con la manera en que vives, como te conduces, como comercias, como tratas a los demás y a las cosas, ciertamente. En el Oriente hay una sabiduría que sugiere que es bueno no ser siempre muy demostrativo. En otras palabras, en el budismo tenemos mucha etiqueta. La etiqueta es una forma inteligente de vivir. La etiqueta es simplemente formas de vivir que se han practicado para conservar energía y que crean una vida más placentera. La etiqueta no se considera algo falso o innecesario. Les permite a las personas que vivan juntas en armonía. Permite que la gente viva en armonía con su medio ambiente. Y cuando nos falta etiqueta, echamos a perder todo. Nos echamos a perder unos a otros. Dañamos nuestro medio ambiente. Perdemos de vista el valor de las cosas. Entonces, por supuesto, sufrimos. Sufrimos la alienación que se deriva cuando nuestro espíritu se desconecta de nuestra conciencia física.

La etiqueta es una forma inteligente de vivir. En otras palabras, en el budismo, en la práctica espiritual, en el taoísmo, en las diferentes formas de filosofía mística del Oriente o del Occidente, hay ciertos principios y prácticas, formas de vivir, que aprenderás leyendo y estando alrededor de estudiantes avanzados y más que todo de tu maestro. Estos son métodos que han sido transmitidos por miles de años, que han sido examinados y confirmados como verdaderos, que han sido probados y modificados ocasionalmente a medida que la civilización o la sociedad o la vida cambian. Esta es la forma exterior del budismo. La forma exterior del budismo, de la práctica, es la etiqueta —una serie de formas de vivir inteligentemente que mantienen vivo, despierto, feliz y alerta.

La sabiduría del samadhi es completamente diferente. Es la experiencia indiferenciada de la realidad. En otras palabras, la sabiduría —si realmente es una sabiduría de alto nivel— no puede ser puesta por escrito. No puede hablarse de ella. No puedo decirles lo que es. La sabiduría verdadera es un conocimiento del universo que está más allá de cualquier expresión física. Posiblemente la música, la expresa mejor que las palabras. Ciertos tipos de música, de arte, nos pueden poner más en contacto con ella. Pero la sabiduría real es el samadhi —sentarse en meditación, detener el pensamiento, entrar más allá de todas las cosas a la luz clara de la realidad, donde no hay tiempo, ni espacio, ni dimensionalidad. Eso es el samadhi —envolverse perfectamente hasta el punto donde no se tiene la sensación de estar envueltos— conciencia plena, pero no la conciencia del cuerpo, no la conciencia del mundo, no la conciencia de la vida diaria, no la conciencia de saber que estamos teniendo una experiencia.

Si estas meditando y tienes la sensación de estar en éxtasis, eso no es realmente samadhi. Si sientes el éxtasis, eso no es realmente samadhi. El samadhi está más allá de todas esas cosas. Samadhi significa que te has convertido en luz, por un momento, y que no hay sensación de un experimentador. No hay sensación de que, mientras estoy sentado aquí, y a pesar de que no estoy pensando, estoy teniendo una experiencia, —estoy experimentando el éxtasis, la sabiduría, o el conocimiento de algo profundo. Amigos, el samadhi real está fuera del tablero de juegos. Es algo de lo que ni siquiera estas consciente. Podrías decir, bien, ¿cómo puedes saber si estuviste en samadhi? Las cosas no tienen que ser lógicas. Tú sabes que cuando la conciencia regresa al plano del ser y de la ideación, has estado más allá de ello. Hay un conocimiento. Y eso es suficiente.

La verdadera sabiduría, la sabiduría espiritual más profunda, no ocurre aquí. Aquí siendo en este cuerpo, en esta mente y en este universo físico. No puede. La verdadera sabiduría es algo que tenemos que trasladar a los planos de la luz mayor, para experimentar. Y no puedes llevarte a ti mismo. Tienes que ir al otro lado. El otro lado es lo que está más allá del conocimiento de la mente.

Existe el mundo de lo físico. Existe lo astral, las dimensiones, los planos dimensionales que puedes visitar con tu cuerpo astral. Están los planos de luz, a los que nos referimos como planos causales, y que experimentas con el cuerpo causal. Esos son planos y dimensiones de meditación, planos de luz, pero eso es algo que puedes referenciar. E incluso si se trata de los planos de luz, aunque la experiencia en planos superiores es ciertamente una clase de samadhi, salvikalpa samadhi, nirvikalpa samadhi es ir al otro lado, experimentar el otro lado.

Como dije antes, el otro lado está más allá del conocimiento. No puedes saber lo que experimentas en el otro lado, aquí. No puede ser conocido. El tamaño de nuestro chip de memoria es muy limitado. No puedes asesar tu propia experiencia. Esa es la verdadera sabiduría. La verdadera sabiduría está al otro lado de esta vida. No en la muerte, sino más allá de lo que captas con la mente consciente. Es ahí donde reside la sabiduría real. Alguien verdaderamente sabio hace ese viaje muchas veces al día. Van y vienen entre este mundo y el otro lado, y cuando regresas, no recuerdas la travesía, sin embargo tú eres la travesía. Quizás esto resulta más evidente para alguien más que para ti mismo, porque el tú que eras antes de pasar al otro lado nunca es igual al tú que eres cuando regrésate —ir al otro lado de la conciencia, en otras palabras, nirvana.

El nirvana está al otro lado, es la fuente de todas las cosas, de donde proceden todos los agregados, donde están los modelos del infinito. Ir al otro lado, de donde provienen éstos, es sabiduría. La sabiduría es llegar ahí. La sabiduría es nirvana, y es algo que no puede ser conocido aquí. Sé que parece incongruente, pero es incongruente sólo desde esta perspectiva, de la perspectiva de la conciencia dialéctica de la división del tiempo y el espacio.

En tu meditación, estás buscando no simplemente experimentar el éxtasis o los planos de luz —ese es un tipo de sabiduría. No sólo estas obteniendo poder y claridad mental para llevar una vida física mejor, ser saludable, feliz, espiritual, exitoso, compasivo —todo esto es un tipo de sabiduría. Pero la verdadera sabiduría, la sabiduría superior, es ir al otro lado, ir al nirvana, ser eso. Esa es la sabiduría última —no última en el sentido de que es una etapa final. No hay una etapa final en el nirvana. El nirvana está más allá de una definición. No es cuantificable.

Entonces uno va al otro lado y —regresa. Escalas hasta la cumbre de la montaña. Digamos que vas a los Himalayas y te atraen las cimas de las montañas. Escalas muy alto por el hielo y la nieve y llegas al tope del K2 o del Monte Everest o de montañas que tal vez no sean tan conocidas. Llegas hasta ahí. Te paras ahí y ves las cordilleras, de las montañas, los Himalayas que se extienden a tus pies. Todo es diferente ahí. Hay una sensación diferente ahí. Una conciencia diferente. Vibra todo muy rápidamente. Las montañas mismas y las dimensiones asociadas a ellas vibran muy rápido. Estas ahí en el reino de las nieves perpetúas y luego bajas de nuevo.

Y luego cuando estás aquí abajo, olvidas lo que pasó allá arriba, cómo eran esas experiencias y sensaciones. Regresas a la vida, a la casa, al trabajo, a lo que haces. Pero has cambiado. Has aclarado tu propósito. Haber tenido esa experiencia hace tu vida más abundante. No es transitoria. Es eterna. Tocaste a la eternidad en la cumbre de los Himalayas.

Pues bien, el samadhi es la cima de los Himalayas en la práctica espiritual. El nirvikalpa samadhi o sahaja samadhi —esta hasta todo arriba. Subes por encima de la línea de las nubes a la tierra de las nieves perpetuas, y es éxtasis, más allá del éxtasis. Luego regresas. Algunos dicen, "¿Por qué regresas?" Bueno, no regresas. Es decir, la travesía te cambia tanto que no eres exactamente el mismo. La vida te reordena cuando entras en la luz clara. Incluso la estructura causal se vuelve liquida. En la luz clara de la realidad, en el dharmakaya, en esa superior y más pura formación que es la existencia, nos convertimos en seres de luz. Regresamos y somos bastante ordinarios. Tú sabes, todavía caminas a todas partes. Y todavía tienes que comer y vivir y existir. Pero cambia tu experiencia de esas cosas. Estas menos aquí, y una parte de ti todavía está en el otro lado. Entre más viajes allá, bueno, después de un tiempo, estarás siempre en el otro lado y también aquí, y eso es lo que llamamos sahaja samadhi. No es un viaje como el nirvikalpa.

Nirvikalpa samadhi significa que estas sentado en meditación y que te transportas más allá de los planos de luz al nirvana, a la absorción total en el nirvana, en perfección completa, y por supuesto no tienes sensación de eso —todo está en el otro lado. Pero entonces, estas sentado en meditación, entonces regresas, los ojos se abren y gradualmente vuelves a través de los planos de luz y (Rama truena los dedos) aquí estas de nuevo en la silla.

Sahaja samadhi —has ido y venido tantas veces que ya no hay ir y venir para ti. Todo lo que ves es iluminación en este mundo y en el otro lado. Pues bien, ya no hay otro lado. Estas en una condición de perpetuo despertar. Lo cual no quiere decir, a propósito, que lo sabes todo. Significa que estas despierto. No significa que tienes todo conocimiento físico. Algunos piensan que la iluminación significa que lo sabemos todo. Que significa que podemos hablar todos los lenguajes, que podemos reparar autos, si es necesario, y toda clase de cosas, que cosas que nunca has estudiado te llegan de repente —no es así en absoluto. Esa es una versión de la experiencia de la iluminación de los libros de cuentos, al estilo de Hollywood.

La iluminación no tiene nada que ver con el conocimiento físico. Es el conocimiento, el conocimiento superior —aunque tal vez esa no sea la palabra correcta— la experiencia de la existencia. La existencia es infinita. Hay incontables universos y creaciones que existen simultáneamente, en todos los tiempos presentes y pasados. Los universos remotos existen por siempre, y toda clase de seres y creaciones están ahí. Todo lo que puede ser y lo que no puede ser existe en algún lugar. Está fuera del alcance de la mente entenderlo. Ciertamente, el nirvana significa ver y conocer esa vastedad. Pero más allá de las remotas infinidades hay algo más —más allá de los planos de luz hay algo más— que no es un conocimiento amplio, que no es la sensación de una persona que percibe lo que es el conocimiento, o lo que es la sabiduría. Es el nirvana. Es una palabra que se usa para describir el otro lado.

En algún lugar hay una esencia. No es un lugar físico, pero hay una esencia para todo esto. Ahí no hay nada más que luz, pero ni siquiera en un sentido temporal o espacial. Simplemente es. Y ahí, ahí no hay tiempo, ni espacio ni ser. La existencia es simplemente perfecta. No hay una sensación de este mundo, ni del tiempo ni del espacio. Eso es nirvana. Es el centro de todas las cosas. Luego están las bandas exteriores de la atención. En otras palabras, el universo es una mente, y en el centro de esta mente es el nirvana —un centro no tanto en un sentido espacial— eso es nirvana. Nirvana es esa pura y perfecta cualidad del ser. Fuera del nirvana, comienzan los planos —los planos más sutiles que vibran más rápidamente, los planos de luz, y toda la gama de planos pasando por los dominios astrales, a los planos físicos, etc.

La vida es percepción, y percibimos por medio de diferentes partes del cuerpo del universo. Pero el nirvana no tiene nada que ver con esto. Nada de esto está ahí —quién eres, qué eres, tu dolor, tu placer, tu vida, tu muerte, este mundo, toda esa miríada de seres que vemos ante nosotros. No están en el nirvana. Y tampoco puedes decir que es luz. No puedes viajar hasta ahí y tener experiencias. No puedes saber lo que hay ahí porque no puedes estar ahí. No hay un "tu" ahí.

El viaje al otro lado significa la pérdida del ser, por lo menos temporalmente, porque es demasiado el peso para ir allá. Es demasiado equipaje. El nirvana es ese perpetuo conocimiento del universo y de su perfección. Y luego existe todo esto —esta abstracción, esta vida que llevamos, este juego de guerra y paz, y placer, y dolor, y nacimiento, y crecimiento, y madurez, y degeneración, y muerte— lo que llamamos vida y lo que todos los seres llaman vida. Esto es tan diferente del nirvana, y sin embargo proviene de él. ¡Qué extraño!

Sabiduría es ver la diferencia entre el nirvana y esto —este mundo, esta autorreflexión que crea la mente. Para hacer eso obviamente tenemos que conocer el nirvana, llegar al otro lado. Pero la sabiduría es también ver que no hay ninguna diferencia entre el nirvana y el aquí, entre samsara y nirvana. Sólo hay una realidad perfecta y continua. Sabiduría no es conocer estas palabras. Sabiduría no es tener ideas o filosofías. Eso son sólo pensamientos. La sabiduría es serlo —ser esa conciencia perfecta. Esa es la más grande sabiduría que existe.

También es bueno saber que pasamos en verde, disminuimos la velocidad en amarillo y nos detenemos en rojo. La sabiduría de la iluminación no excluye lo práctico. Algunos parecen pensar que la sabiduría lo hace, y que si somos iluminados, de cierta manera no estamos en contacto con la vida y con el pulso de lo físico. *¡Au contraire!* Entre más iluminado estas, más básico eres. Entre más alto subes, en más profundo te convertirás, y estarás más consciente de lo físico y lo sensorial.

La pura y perfecta luz radiante que experimentas en los planos de luz y la experiencia de ir al otro lado, al nirvana, aclara y simplifica tu visión de todas las cosas, ves el mundo con mayor claridad, porque no está oscurecido por el deseo personal, la vanidad, el egoísmo y el pensamiento, ni por las ilusiones. Los seres humanos tienen ilusiones. Los iluminados no tienen ilusiones, simplemente ven las cosas tal y como son, y en esa visión experimentan éxtasis y alegría. Ven el juego de la vida.

Como he dicho, el conocimiento es muchas cosas —la habilidad de amar, la habilidad de sentir, la habilidad de examinar las profundidades y las alturas de la vida. Es la experiencia del experimentador, y al mismo tiempo, está más allá de eso. Hay tantas clases de conocimiento, tanto por explorar. Tanta iluminación, tanto tiempo.

Por lo tanto, en tu viaje trata de recordar que no hay final. Eso es el conocimiento verdadero. No hay conocimiento final. No hay iluminación final. Esa es una forma muy finita y humana de ver las cosas. Es una categorización que implica una manera jerárquica de ver las cosas. Realmente la vida es relacional, no jerárquica. La forma jerárquica es una manera humana de ver las cosas. La forma relacional se parece mucho más a como son las cosas. Las cosas son relacionales. Depende una de otra. Una influye sobre otra. Todo está conectado. Las jerarquías son esquemas mentales. Generalmente involucran lo bueno y lo malo, el bien y el mal, lo mejor y lo peor, el antes y el después, el aquí y el ahí y todos los lugares. Esas son formas convenientes de hablar de las cosas y de ir por el mundo físico, y a veces por los mundos astrales, para pasar el día. Pero la vida es realmente relacional.

La verdadera sabiduría es ver y entender tu relación con el universo, con Dios, con el infinito, y con todas las cosas, tanto finitas como infinitas. Cuando obtienes ese conocimiento relacional, entonces eres sabio. Entonces eres más cuidadoso. Entonces eres más amable, porque ves que no hay razón para no serlo. No hay razón para no amar. No hay razón para no estar alegre. No hay razón para no celebrar, porque todo esto no significa nada —absolutamente nada. Entonces, ¿por qué no ser feliz? ¿Por qué no ser libre? ¿Por qué no esforzarte? Es una manera más feliz de ser. Si eres realmente sabio, entonces reflejarás el universo y serás relacional en tu enfoque de las cosas. Tú eres un espejo del infinito. Eso es sabiduría.

6. Iluminación

Iluminación es conciencia completa de la vida sin ninguna modificación mental. Iluminación es el estado de atención que alcanzamos cuando nuestra conciencia es una con el infinito, con la conciencia infinita de la vida misma. La iluminación no es un estado mental, aunque todos los estados mentales están contenidos en ella. Es lo mejor de todas las cosas, la más brillante de todas las luces. Es unión con la inmortalidad, lo intemporal y lo temporal, con toda la miríada de mundos, planos y cosas que simplemente no pueden describirse con palabras.

La iluminación existe en todo. No hay nada que pueda estar separado de la iluminación. Pero cuando hablo de la iluminación, cuando la discuto con mis estudiantes, me refiero a una experiencia, un viaje —el viaje hacia la luz. Iluminación en este sentido es un viaje hacia la conciencia cósmica— estar completamente conscientes de la eternidad, estar conscientes no sólo de este momento o de este mundo, sino de lo intemporal, del espacio, de la vida orgánica y de lo que yace más allá de ello.

Piensa en la iluminación como un viaje. Hoy despertaste y todo puede pasar. Puedes vivir cualquier clase de vida. Puedes ser rico. Puedes ser pobre. Puedes ser sabio. Puedes ser ignorante. Realmente no importa porque, sin importar lo que pase, hay iluminación. Todo lo que ves que te amenaza y te infunde miedo, todo lo que ves que te atrae, las cosas a las que eres indiferente o que incluso no conoces — realmente no importan. La vida es como un sueño. Es transitoria. Por un momento, nos encontramos en la corriente de la vida. Estamos despiertos. Estamos teniendo experiencias. Luego nos quedamos dormidos. Todo se limpia; en el mejor de los casos se convierte en una memoria que se desvanece. La muerte es entonces un sueño y la vida un despertar. Y en cada vida, despertamos a una condición diferente.

El despertar, el estado de despertar al que me refiero, al que los maestros iluminados aluden, es una condición de éxtasis, una condición de tremenda belleza, un estado permanente de despertar que desafía al sueño. Dormir son sueños de otra clase. La muerte, las experiencias en el plano después de la muerte, entre vidas, entre encarnaciones —es una clase diferente de sueño que olvidamos cuando nos despertamos a la vida en este mundo.

Así pues, la iluminación es un viaje, un viaje hacia la luz, un viaje al autoconocimiento, un viaje hacia la belleza, la reflexión, la conciencia. La infinitud del ser nos llama a ser conscientes de nosotros mismos. Esto puede parecerles a algunos como una gran euforia. Puede parecer como muchas palabras, una rapsodia de palabras, que no necesariamente se conectan y que no son prácticas. Ciertamente ese no es el caso. Estar consciente, estar consciente de lo que estas consciente, no es algo que puedas defender o expresar. Simplemente es.

Sí, existe la superficie de la vida. Existen las actividades cotidianas de los seres humanos, las plantas, los animales, los seres astrales —los movimientos sin fin de la creación. Y además existe el nirvana. El nirvana es éxtasis absoluto, quietud absoluta, una presencia —estar en el centro de la mente de Dios, estar completamente conscientes, siempre, por siempre, estar en el eterno y brumoso cielo, el nexo de todas las cosas. Todos los universos, todas las inteligencias, todos los ciclos del ser, vienen de ahí y regresan a él. Los sostiene; los mantiene ahí. Ese es el mundo de la iluminación. Nuestra vida cotidiana no tiene que ver nada con la iluminación. No estamos conscientes de ella. Está a la vuelta de la esquina y no la vemos. Está frente a nosotros, y no la vemos. Somos ella y no la vemos.

La iluminación es felicidad —felicidad en el sentido más profundo y sin embargo más simple. La iluminación, como dije antes, es un viaje, un viaje hacia la conciencia cósmica. Y la meditación es la llave hacia la iluminación. Meditar, aquietar la mente y hacerla supremamente consciente, penetrar el vacío, la esencia, la sustancia, e ir más allá, a lo que llamamos la luz clara de la realidad —clara en el sentido de que no tiene un color definido; clara en el sentido de que no es sólida y sin embargo es energía pura; realidad en el sentido de que es aquello que es más real, que es más actual, que no cambia. Está siempre ahí.

El sendero hacia la iluminación es nuestra vida. Cada ser está caminando a lo largo de este sendero, tiene experiencias, obtiene conocimiento, aprendiendo mientras lo hace. ¿Qué más hay que hacer? Su progreso está más allá de nuestro juicio. Simplemente es. Pero además está el estudio de la iluminación. En otras palabras, la vida es iluminación, el gran proceso de la vida, y podemos decir que todos estamos en nuestro propio camino a la iluminación, o que todos son iluminación, y desde cierta perspectiva eso es cierto. Pero además existe la experiencia de la iluminación —unir tu conciencia y unirte tú mismo con la inmortalidad, para que en esta misma vida estés más consciente de lo que yace más allá de las fronteras de la percepción cognitiva, más allá de las fronteras del pensamiento, de la reflexión y de la autoconciencia, vistas a través de la personalidad.

¿Para qué volverse iluminados? (Rama ríe). ¿Por qué unirse a la milicia? ¿Para qué casarse? ¿Por qué cruzar el océano? ¿Por qué quedarse en casa? ¿Por qué permanecer solteros? ¿Por qué evitar el ejército? Es una decisión personal. Hay algo en una persona que lo atrae hacia la luz. Ultimadamente, es el karma. El karma no es un pretexto. La forma en que frecuentemente se utiliza esta palabra sí es un pretexto. Si dices que algo es tu "karma", eso parece liberarte de responsabilidad. Si dices, "Bien, esto me pasó a mí, nací en esta vida, en esta condición, o esto me ha sucedido porque es mi karma", es como si no tuvieras nada que ver con ello. Ciertamente existe la casualidad. Pero ese no es realmente el significado esotérico del karma. El significado esotérico del karma es que eres lo que eres y experimentas lo que experimentas debido a lo que has hecho y lo que has sido.

Tu karma es quien eres hoy. Tu karma es el total de tu campo de conciencia. El campo de tu conciencia está integrado por todas las experiencias que has tenido en esta y en otras vidas. En esta encarnación naces en el mundo con cierto karma.

Es decir, que en el momento de nacer tienes ciertas aptitudes. Una es potencial, la otra está inmediatamente disponible. El karma de disponibilidad inmediata es el despertar, la condición de tu campo de conciencia cuando naces. El karma potencial es lo que está guardado dentro de ti mismo y proveniente de tus vidas pasadas.

Así como eres hoy la experiencia y el producto de todo lo que has conocido y recorrido en esta vida, en el momento de nacer eres el producto de todo lo que te ha ocurrido en cada una de las vidas pasadas que has tenido. Pero al igual que una herencia que quizás no recibas hasta cumplir 21 años, cuando naces, no necesariamente la tienes a tu alcance, a tu control, todo lo que eres, ni todo lo que has sido en vidas pasadas.

Por lo tanto, en el ciclo de la iluminación, prestamos atención a traer de regreso el campo de conciencia, el tu total, de otras vidas. Esto no quiere decir sólo la memoria de experiencias pasadas —lo cual puede ser útil o no— sino más bien aprovechar el poder interno y la inteligencia, el conocimiento y la sabiduría que has acumulado en otras vidas. Y si has acumulado poderes siddha, también traerlos de regreso porque pueden ser bastante útiles en el viaje hacia la iluminación. Para hacer esto, la meditación es la llave que abre la cerradura de la puerta. La meditación traerá esos poderes y conciencia del pasado. Y más inmediatamente, expandirá tu conciencia hoy hacia lugares donde nunca has estado, hacia experiencias que nunca has tenido.

La meditación es el sendero hacia la iluminación. Meditar es detener el pensamiento, silenciar la mente, poner el ego a un lado y simplemente estar quietos, con la mente abierta y clara, brillante y plenamente consciente. En cierto sentido la meditación no es un movimiento activo, no en su sentido más profundo. Hay una sensación de actividad al principio de la meditación. Los astronautas del transbordador van hacia el espacio. Necesitan despegar y emplean una gran cantidad de energía para entrar en órbita o para ir más allá de la atracción gravitacional de la tierra. Una vez que lo han hecho, apagan los motores. No hay gravedad o han alcanzado la órbita deseada y simplemente navegan sin propulsión. Entonces el espacio los mueve.

Así, en la meditación, en el mundo de la iluminación, tienes que gastar cierta cantidad de energía —obtenerla, conservarla y emplearla— para entrar a un elevado estado de conciencia, para ir más allá de toda gravedad y entrar en el mundo de la iluminación, del samadhi. Una vez que estás ahí, te dejas ir. Estarás envuelto en luz perfecta y radiante. A medida que entras en la luz, en los planos de luz que están más allá de las dimensiones físicas y las dimensiones astrales, a medida que entras en lo que llamamos dimensiones causales o planos de la luz, estarás purificado, energizado, y te harás sabio.

La sabiduría en el mundo de la iluminación no es algo que obtendrás conversando. Cierta cantidad de instrucción puede obtenerse mediante la conversación, pero la sabiduría y la iluminación son algo que se obtiene cuando aquietas la mente. Puedes aquietar la mente, cuando estas solos, con la práctica de la meditación. Si aprendes algunas técnicas de meditación, puedes aquietar la mente. Puedes elevar el kundalini a través de las siete chakras y entrar en varios estados de mente iluminada. Si meditas con un maestro iluminado, podrás elevarte más e ir más profundamente. Podrás recorrer con ellos las varias etapas de la mente, hacia el centro del universo, las cuales tal vez no están disponibles para ti en este momento.

Todos tenemos un aura, un cuerpo de energía, y esa aura está conectada con los diferentes planos de conciencia. Algunos tenemos la habilidad de entrar en más planos de conciencia que otros debido a nuestros logros en vidas pasadas y debido a nuestra práctica en esta vida.

Un maestro iluminado es alguien que tiene acceso no sólo a las dimensiones astrales sino también a los planos de luz, y más allá de los planos de luz a la iluminación misma, a nirvana. Nirvana es lo más elevado, limpio, puro y mejor de todo. Y si meditas con un maestro iluminado, si te sientas con él y callas tu mente mientras él entra en nirvana, mientras experimenta la luz clara, y la índole de la perfecta unicidad radiante con todo ser, serás capas de viajar con él, de acuerdo con tu lucidez y en la medida en que medites bien. El poder puro de su aura te llevarán a un viaje metafísico hacia el mundo de la perfección.

Un maestro es realmente invaluable, como lo es la práctica personal. Cada día debes de meditar dos veces al día, en la mañana y en la noche, y aquietar tu mente. Un maestro te instruirá sobre la meditación en las chakras y en cómo silenciar la mente y elevar el kundalini. Un maestro también te instruirá en cómo estabilizar y aumentar tu campo de energía, disminuir la pérdida de energía en tu vida —en cómo ser equilibrado, cómo tener poder, cómo ser sabio, y por supuesto, cómo ser chistoso. Realmente es un proceso de prueba —un proceso de prueba para ti y para tu maestro.

El propósito de la iluminación ciertamente no es el maestro, ni eres tú. No tiene un propósito. La iluminación simplemente existe, y si quieres alcanzarla, si quieres lograrla, si quieres ir más allá del sufrimiento, del dolor, de la frustración y de la limitada felicidad que puedes experimentar en cualquier forma, entonces necesitas emprender el viaje hacia la iluminación. La práctica individual consiste en meditar dos veces al día, y cuando no estas meditando, cuidar tu mente, eliminar el odio, la duda, el miedo, la ansiedad, los pensamientos negativos, las emociones y estados de atención que limitan tu conciencia, que te atan a una sensación del yo, del ego.

Esta es la práctica de la atención total, de observar tu mente todo el día y toda la noche. Es agradable poder remover de la mente las cosas que te hacen infeliz, clarificar tus emociones, y llevar una vida feliz y productiva. Luego necesitas ver a tu maestro, sentarte en meditación con él, emprender viajes con él a lugares de alta energía —lugares de poder donde es más fácil meditar, donde es más fácil ingresar a dimensiones superiores. La relación con un maestro no es realmente una relación. Un maestro de iluminación es iluminado y simplemente expresa, viviendo, iluminación en su vida. Es la responsabilidad del estudiante y su trabajo obtener las enseñanzas. No es la responsabilidad del maestro. La tarea del maestro es sólo ser perfectamente iluminado.

En esta era hemos crecido con la impresión de que la responsabilidad del maestro es hacer que los estudiantes aprendan. Hemos puesto la carga en el maestro. Ciertamente es responsabilidad del maestro tener conocimiento y enseñarlo, y comunicarlo de manera inteligente y efectiva. Pero no es responsabilidad del maestro iluminado llevar al estudiante a la iluminación. Eso puede ser cierto en el aula —en algebra, trigonometría, en la ciencia de la computación, en la literatura, en el arte. No sé. Cada maestro tiene una filosofía propia en cada escuela.

Pero en el mundo de la iluminación, ésta no es responsabilidad del maestro. Es tu responsabilidad. Tú eres el que quiere la iluminación y tienes que hacer lo que sea necesario para encontrarla, para entrar en ella. Y para lograrlo, tienes que dejarlo todo. Tienes que dejar tus ideas sobre la iluminación, tus ideas acerca de maestros y enseñanzas, tus ideas acerca de ti mismo. Tienes que ser responsable, consciente y sobre todo diligente —no perfecto, lejos de ser perfecto. Pero tienes que tener un deseo sincero y ardiente de hacerte uno con la luz, de volverte completamente consciente. Si tienes esto y eres flexible y adaptable y estás dispuesto a seguir las sugerencias del maestro, entonces, si el maestro es verdaderamente iluminado, si tiene el poder y la sabiduría, el balance y el sentido del humor necesario, harás un progreso rápido en el mundo de la iluminación.

La iluminación es algo real. Y como dije, la iluminación es un viaje. Un viaje a través de los diez mil estados de la mente —un viaje que no se logra en un solo día o momento. Cada vez que meditas emprendes ese viaje. Cada vez te haces más consciente, amas más, sientes más, aumentas la profundidad. Cada vez obtienes un sentido más feliz de lo que es vivir. Cada vez obtienes un poco más de control sobre tu vida. Casa vez, cuando no lo haces, no dejes que esto te desilusione o haga que te rindas —si no te rindes, te haces un poco más iluminado.

En otras palabras, la iluminación es acumulativa. Tú te vuelves un poco más iluminado cada día a medida que practicas yoga y budismo. Pero simplemente teniendo un maestro y haciendo lo que llamas meditación no necesariamente te llevara a la iluminación. Puedes sentarte y distraerte y no meditar. Muchas personas hacen esto y piensan que están haciendo una maravillosa meditación. Puedes volverte pomposo y egoísta y pensar que eres muy importante y creer que esto es un logro espiritual.

No existe lo que se llama logro espiritual. Aunque la iluminación —aunque aquellos que son iluminados, completamente iluminados— en este mundo son raros, esto no es un logro. No es una clasificación de cinturones como en las artes marciales. Es simplemente una conciencia que es intrínseca de toda vida de la cual han logrado hacerse conscientes. Es ciertamente digna de nuestro respeto porque la vida es digna de nuestro respeto. Pero colocarlos en un pedestal es un error. Subestimarlos es también un error.

En otras palabras, tienes que ir al mundo de la iluminación con las manos abiertas, no con el puño apretado, sin una agenda. Tendrás una agenda, por supuesto, y tendrás el puño apretado, es decir, tendrás expectativas, maneras que pensar de cómo debe funcionar, y una noción de lo que vas a recibir de la experiencia. Tendrás ideas de lo que vas a hacer y de lo que no vas a hacer. No podrás evitar tener esto. Pero lo que más importa es que tengas un amor sincero por la verdad.

Hay algo en ti que ama la luz y estás dispuesto a ponerte de parte de ese lado de tu ser más que de cualquier otro lado, y estas dispuesto a ser paciente y pasar por el entrenamiento, pasar por el ciclo de la iluminación. No eres lo suficientemente vanidoso para pensar que serás completamente iluminado en esta vida. Realmente no importa. No existe un factor de tiempo. Sin embargo, quisieras llegar a ser tan consciente como sea posible en esta vida, antes de la muerte, porque esto hace la vida más agradable y también porque en la próxima vida esa conciencia regresa. Regresa a ti parcialmente al momento de nacer y completamente cuando eres atraído a meditar, completamente.

Por lo tanto, es algo que no puedes perder. En esta vida, puedes perderlo todo. Puedes amasar una fortuna y perderla. Puedes tener un cuerpo saludable y caer enfermo. Gentes que amas pueden dejarte o tener mala fortuna, inclusive morir. Todo pasa aquí. Cuando dejes este mundo perderás el cuerpo que habías desarrollado en el gimnasio. Perderás la mente que habías educado en las universidades. Los perderás a todos y a todo. Pero no perderás la iluminación ni ningún conocimiento espiritual que hayas ganado en esta o en otras vidas. Están dentro de ti. Están en tu potencial. La respuesta es traerlas de vuelta, para ser más conscientes, más atentos.

La iluminación, como dije, es un viaje. Es un viaje que se hace solo. Es un viaje que se hace con un maestro. También es un viaje que se hace con amigos, con otros que practican yoga y budismo. Cuando meditas es bueno tener a tu alrededor otros que hacen lo mismo, porque nos ayudamos mutuamente a no tomar esto tan seriamente y al mismo tiempo podemos inspirarnos los unos a los otros con los viajes de cada uno.

La iluminación no se trata de ser político. No es un club social. Los ashrams frecuentemente se convierten en eso, lo sé. Y las sociedades de iluminación a menudo se convierten en grupitos. Con frecuencia se convierten en lugares donde existen una jerarquía y rangos pero no mucha iluminación. ¿Pero qué importa? Eso es lo que atrae a esas personas. Me imagino que necesitan vivir esas experiencias. Pero eso no tiene nada que ver con la iluminación. La iluminación es la experiencia de la luz. Es algo que experimentamos dos veces al día cuando meditamos en la mañana y en la noche. Es algo que experimentas entre esos dos momentos, porque en la meditación abres tu campo de conciencia a un nivel de luz superior y entonces experimentas esa luz y la aumentas mediante la práctica de la atención total durante el día.

Estar completamente consciente, bellamente consciente, es el viaje a la iluminación, y hay dolor en él y hay sufrimiento y hay frustración. Pero ya tienes todo eso, de manera que realmente no importa. Pero hay éxtasis más allá de toda comprensión. Por lo tanto, ante todo mi sugerencia es que, si te atrae el mundo de la iluminación, si estás interesado en él, aprende a meditar, no simplemente leas muchos libros acerca de la meditación ni simplemente hables con otros acerca del tema —quizás eso te de inspiración. Pero la llave de toda iluminación es tener experiencias personales en el mundo de la luz. Todo lo que necesitas hacer es meditar dos veces al día, aprender la práctica de la atención completa, llevar una vida simple y económica; trabajar felizmente en cualesquiera que sean tus tareas y utilizarlas para ganar la perfección. Y si puedes tener un maestro, ir con él, seguir sus instrucciones a la letra, si no más —acerca de cómo meditar, cómo llevar una vida balanceada, cómo obtener poder, sabiduría y tener un buen sentido del humor— las cosas que nos indica.

Debes ser flexible con tu maestro. No es trabajo del maestro —no es su responsabilidad— hacerte iluminado. Esa es tu responsabilidad hacer eso. Esta responsabilidad significa que debes tener un buen sentido del humor con respecto a tu maestro y a las tareas imposibles que te pide que hagas. Te parecen imposibles sólo porque no las has hecho. Pero el maestro te enseñara, si eres buen estudiante, si eres paciente —o incluso si eres mal estudiante e impaciente— el maestro te indicará cómo aumentar tu capacidad para hacer cosas, cómo hacer cosas que parecen imposibles. Cuando tenías cinco años, parecería imposible que algún día pudieras leer y escribir y trabajar e ir a la universidad y hacer todo lo que haces hoy día. Pero ahora lo haces y no te parece gran cosa.

Un maestro iluminado es alguien que tiene poderes, alguien que tiene campos de conciencia y acceso a ellos, que puede hacer cosas que parecerían imposibles a una persona común. Me imagino que podría decirse que los maestros iluminados pueden realizar milagros, aunque el milagro verdadero es que la luz dorada de la iluminación, la luz pura, brilla a través de ellos. Y ese no es un milagro de ellos. Es el milagro de la iluminación que está disponible para todos nosotros.

Con un maestro es necesario ser sensibles a sus instrucciones. La mayoría de las veces los maestros no dicen mucho. Sólo se pasean y están iluminados. Nosotros debemos permanecer muy quietos y silenciosos para entender lo que dicen, es decir, para ver cómo abren las dimensiones y para aprender a hacerlo por nuestra cuenta. Todas las enseñanzas físicas, todas las enseñanzas exotéricas, las cosas que pueden discutirse y explicarse, sólo tienen como propósito de proporcionarte el tipo de vida que te permitirá practicar las enseñanzas esotéricas. Las enseñanzas exotéricas o externas nos muestran diferentes técnicas y métodos para lograr la clase de vida que nos permitirá entrar en planos superiores de conciencia y llegar a ser iluminados.

Las enseñanzas internas o esotéricas, de las que sólo un maestro iluminado puede ocuparse, son experiencias con la conciencia infinita. Son el viaje a la iluminación, son las experiencias esotéricas, o la experiencia que tendrás con tu maestro cuando él medita y cuando, a través del poder personal del kundalini, te transfieren poder y te levanta a mesetas de dimensiones más altas, hacia campos de luz. En otras palabras, las experiencias esotéricas no son algo que puedas expresar. Son experiencias en los planos de luz, en las realidades causales. Vas con un maestro no sólo para aprender a tener una vida feliz, y equilibrada, y para optimizar las posibilidades de tener experiencias espirituales; pero si el maestro es realmente iluminado, estar a su alrededor es en sí mismo una experiencia espiritual. Después tu tarea es entonces ir a casa y aprender a meditar y lograr esos estados por tu propia cuenta. Cuando regresas a verlo, te llevará aún más lejos, más profundamente, y te hará más sugerencias. Luego regresaras y serás capaz de hacer esas cosas tú mismo otra vez.

Por lo tanto, un maestro no es alguien que necesitas tener. Es decir, no lo necesitas perpetuamente. Lo necesitas para que te muestre cómo atravesar el portal, pero una vez que has pasado por el portal, estas ahí por tu propia cuenta. Luego tienes que crecer y experimentar la iluminación. Entonces regresaras si quieres pasar por un portal superior, y así sucesivamente. El maestro te enseña cómo refinarte hasta lograr entrar en el nirvana por ti mismo. Luego, no más maestros. ¿Adivina qué? La iluminación en todas partes. En el principio, en la mitad y al final de todas las cosas sólo hay perfección. Esa es la perfección de la iluminación que es el nirvana. Que está aquí. En este momento.

7. Felicidad personal

Al parecer, la felicidad es lo más difícil de encontrar, para los seres humanos. La felicidad es algo que todos quieren o dicen querer. Por lo tanto, debe ser algo muy difícil de lograr puesto que pocas personas —relativamente pocas personas— parecen haberla experimentado. Y si la experimentan, con seguridad no parece que la hayan experimentado por mucho tiempo.

Yo soy la persona más feliz que has conocido, simplemente y sencillamente.

La razón por la cual soy feliz es que tengo una muy buena relación con la vida. Mi felicidad no depende de lo que me pase hoy o mañana o de lo que pasó ayer. Mi felicidad depende de la luz. Y como la luz es interminable, como la luz es infinita, como la luz —la luz interna, por supuesto, la del descubrimiento personal, la de la iluminación— es la felicidad en sí misma, entonces, si me pongo en disposición a la luz, lo cual ciertamente hago, estoy destinado a ser feliz. Siempre.

La vida es un juego en el cual participamos. Es un juego en el que la felicidad es la meta. Ahora bien, la mayoría de las personas piensan que la felicidad proviene de las experiencias en el mundo. Creen que las posesiones les traen felicidad —dinero, fama, fortuna, relaciones personales, logros y éxitos. Ciertamente esas cosas pueden proporcionar cierto grado de felicidad en la vida de una persona. Por algún tiempo, el cumplimiento de un deseo causa cierto tipo de felicidad. Pero tan pronto como pasa la experiencia, pasa la felicidad. Los seres humanos funcionan dentro de un sistema operacional de deseo-aversión —y si entiendes la falibilidad de este sistema, entonces entenderás también que hay otro sistema muy superior— realmente no es tan difícil ser feliz.

El sistema operacional de deseo-aversión trabaja de la siguiente manera. Cuando quieres algo, cuando tienes deseo de algo —deseo de comida, de sexo, de realización, deseo de un nuevo auto, de una nueva vida; o cuando tienes una aversión —quieres alejarte de algo, tienes miedo de algo que te hace incómodo, hay algo que simplemente no te gusta, inmediatamente estas en una situación problemática. Porque tu felicidad, tu estado mental, en otras palabras, lo que sientes, se basa en algo extremadamente físico, y tu felicidad es ahora víctima de la fortuna, y por supuesto, la fortuna es caprichosa. Si quieres un auto nuevo, y lo obtienes, serás feliz hasta que el auto no sea tan nuevo. Y si no puedes obtenerlo, serás infeliz. O si lo obtienes y alguien lo choca, serás infeliz. O si no es lo que pensabas que fuera, serás infeliz.

A veces hay cosas que te hacen infeliz, a las cuales podemos llamar aversiones, cosas que no quieres tener en tu vida, que no te gustan de ti mismo, o de las cuales simplemente no te puedes alejar en este momento, aunque lo intentes. Si tu felicidad depende siempre de obtener todo lo que deseas y de evadir siempre todo lo que quieres evadir, la probabilidad es que no serás feliz, o ciertamente no muy frecuentemente. Este es el sistema humano —deseo y aversión.

Aun el cumplimiento del deseo no necesariamente te hace feliz, debido al factor de saciedad. Realmente te puede gustar el pastel de manzana y puedes comprar uno y comértelo, y te sentirás bien por un minuto. Entonces puedes decir, "Bueno, ¿qué importa? Me sentí bien comiendo ese pastel. ¿Por qué no comerme diez?" (Rama ríe.) "Si esto es lo que me hace feliz, déjenme seguirlo haciendo". Pero después de un tiempo, si hacemos lo mismo de la misma manera, una y otra vez, repetidamente, tendremos una sensación de saciedad. Ya no se siente bien. Ya no sabe tan bien ¡Uf! (Rama ríe.) Ya no estamos felices. Por lo tanto, el deseo, cuando se lleva al extremo, no necesariamente nos hace felices. Realmente tiende a hacernos más bien cínicos.

Lo que nos hace felices y lo que aumenta la felicidad es el contacto con la luz. La experiencia de la luz en una forma muy pura, si no en su forma más pura, siempre crea felicidad. Y la experiencia del deseo y la aversión tienden a crear infelicidad. Es decir, en el mundo de la luz, a medida que tenemos experiencias con la luz interior, las cuales obtenemos por medio de la práctica de la meditación y del budismo, a medida que experimentamos la luz, ésta inmediatamente nos deleita.

Dentro del universo hay luz pura. Es la luz que está más allá de toda oscuridad, y que no cede ante nada. Es la luz de la existencia. Es la luz clara de la realidad, el dharmakaya. La naturaleza misma de la luz es felicidad. Cuando experimentamos la luz, *¡voila!*, eres feliz. No tienes que hacer nada, ni ser nadie en especial, ni tener una serie de logros detrás de ti. Si puedes llegar hasta ahí, eres feliz —si puedes experimentar la luz. Entre más frecuentemente experimentes la luz, entre más profunda sea tu inmersión en la luz, más feliz serás.

En otras palabras, es un objeto de orientación mental hasta cierto punto. Es decir, existe la luz. Existe la experiencia de la luz. La luz por su misma naturaleza es interminable. No tiene principio y no tiene fin. Por consiguiente, no puedes decir que has tenido la experiencia total en la luz —por lo tanto no hay un nivel último de felicidad, sino que continúa por siempre.

La luz no es cuantificable. Simplemente es. Y la experimentas en la meditación cuando se detiene el pensamiento, cuando vas más allá de los sentidos. Cuando vas más allá de las limitaciones del ego, la luz te está esperando.

Tus experiencias en la luz se vuelven más fuertes, se vuelven más felices, y las tienes con mayor frecuencia a medida que progresas en el sendero de la iluminación. El sendero de la iluminación es la felicidad. Y realmente no importa lo que esté pasando en tu vida física —si tienes éxito, si estas en prisión, si estas muriéndote o naciendo, o en algún punto intermedio— realmente no importa, si tienes contacto con la luz.

Las circunstancias físicas no causan felicidad. O si lo hacen, inmediatamente te ponen en peligro, porque una vez que has obtenido felicidad con algo que te ha ocurrido, algo que has conseguido, algo que has logrado, temes perderlo. La pérdida de eso, del objeto del deseo que te hace feliz —ahora te hace esclavo. Has quedado atrapado por ese objeto.

Digamos que tu esposa, esposo, novio, novia, te hacen feliz, o también tu perro o gato. Si tu felicidad proviene sólo de estar en contacto con ellos, si te dejan estas condenados a ser infeliz. Estarás deprimido, desdichado. Ahora eres su esclavo. Por lo tanto, ahora eres esclavo de lo que te hace feliz. Tienes que hacer lo que sea para mantenerlo a tu alrededor todo el tiempo. Es una especie de adicción, y las relaciones humanas pueden ser hábitos costosos. Los logros profesionales también pueden ser un hábito costoso. Cualquier cosa puede ser un hábito costoso. Siempre tendrás el temor de perderlo. Desde el momento en que has logrado algo, existe el miedo de perderlo, si eso es lo que origina tu felicidad.

La alternativa iluminada es ser feliz porque experimentas la luz. Entonces puedes estar casado o no, tener hijos o no, tener éxito o no. Puedes jugar en el mundo, y si obtienes felicidad con algo, ¡fantástico! Si no, eso no te molestará porque tu felicidad es tan grande, tan inmensa, tan inconmensurable, que simplemente no te molestará lo que ocurra en el mundo físico.

Yo le recomiendo a mis estudiantes hagan mucho dinero. Parece que los seres humanos tienen problemas con el dinero. La mayor parte de la vida humana parece girar alrededor de la adquisición de dinero o de aquello que el dinero brinda. Y cuando la gente tiene problemas con el dinero, recorta los gastos. Se dicen a sí mismos, bueno ya no tenemos tanto como antes, y por lo tanto tenemos que disminuir las cosas que disfrutamos. Yo no creo que esa sea la respuesta. No creo que economizar sea la respuesta. Por ejemplo, los Estados Unidos tienen una deuda nacional increíble. Ahora bien, es bueno economizar en el sentido de que derrochar es derrochar. Obviamente esa no es una forma de vivir, y tenemos que eliminar el derroche en nuestras vidas, de la misma manera que los Estados Unidos tienen que eliminar el derroche en sus gastos, de modo que no sea un gobierno con déficit.

Pero la respuesta para los Estados Unidos, o la respuesta para cualquier individuo, es hacer más dinero. Si el país trae más dinero del que envía fuera, o si incluso está en un punto de igualdad, entonces hay balance. Por lo tanto, si tienes problemas de dinero, la respuesta no está en reducir gastos. Es decir, tienes que tener las cosas que necesitas, todo lo demás es extra, es una adición, y tal vez lo necesitas o no. Algunas veces nos salimos de proporción y creemos que necesitamos más de lo que realmente necesitamos porque creemos que eso nos va a ser felices. Y eso no es cierto. Pero necesitas lo que necesitas —para trabajar, vivir, funcionar— al nivel que sea apropiado para ti.

Pero la respuesta es hacer más dinero. Por lo tanto les sugiero a mis estudiantes que entren a la ciencia de la computación —a menos que ya estén en un campo de estudio mejor— porque ese es el más lucrativo de todos los campos, donde se puede ganar una buena cantidad de dinero. Entonces el dinero no es un problema. No tienen que pasar la vida preocupados siempre de que si tienen lo suficiente para cubrir los gastos. Muchas personas hacen esto y experimentan mucha infelicidad. La respuesta obvia en cuanto al dinero es tener toneladas de él. Y así, si sabes que esa es la respuesta para conducirse en el mundo físico, entonces simplemente debes encontrar la forma de hacer más dinero del que realmente necesitas y proceder en consecuencia. Realmente no es imposible.

En otras palabras, algunas veces tenemos que tener una visión clara de algo, y si es tan importante, ¿por qué no definir qué es lo que necesitamos y proceder a obtenerlo? Tenemos que retroceder un paso y evaluar el problema. Me parece que todo lo que realmente necesitas en esta vida es un cuerpo sano, una mente y un espíritu sano, y una buena cantidad de dinero. Es decir, el dinero equivale a tener movilidad en este mundo —viajar, vivir en un sitio adecuado, no estar abatidos o empobrecidos, no ser víctimas.

También igualo la luz interior con eso. Es decir, es el mismo sistema de operación. En vez de economizar o planear cómo estar dentro del presupuesto, ¿por qué mejor no tener toneladas de dinero? ¿Por qué no tener toneladas de felicidad? Por qué no llegar a ser tan feliz de modo que, sin importar lo que pase en la vida mientras viajas por ella, haciendo las cosas que son apropiadas para ti, y sabiendo que si todo se desbarata, no importa, porque eres feliz. Esta es, yo pienso, la ecuación de la felicidad —simplemente ser feliz, encontrar cómo ser feliz y proceder a serlo— de este modo la fortuna no es un problema. Siempre podrás retroceder a tu felicidad interna.

Y si tienes un día en el que todo sale como esperabas, fantástico. Pero apenas te das cuenta de ello porque eres muy feliz debido a que meditas. Si tienes un día en el que todo se derrumba, eso es realmente insignificante porque eres muy feliz. Cuando llega la muerte no es algo que cause miedo, porque eres muy feliz y sabio a causa de la práctica de la meditación, que simplemente no tienes miedo. Puedes ver lo que yace más allá de ella. Sabes que la vida es buena —lo que nos hace es bueno, y nosotros somos lo que nos hace— y no hay nada que temer. Aun la enfermedad se convierte en una experiencia por la que pasamos en felicidad porque nuestra felicidad no depende de lo que siente nuestro cuerpo, sino de lo que siente nuestro espíritu.

El yoga, es decir, el budismo, es el estudio de cómo ser infinitamente feliz. Hace mucho tiempo, algunos individuos se dieron cuenta, por medio del estudio interno y el examen de la vida, de que el camino a la felicidad es la meditación, la introspección —que la felicidad ya existe en alguna parte del universo. Observaron la vida y vieron que la mayoría de la gente no es feliz o que sus experiencias con la felicidad van y vienen, lo mismo que sus deseos y aversiones y el destino que enfrentan. Vieron que éste era un sistema obviamente ineficiente. Por lo tanto, rastrearon el universo y encontraron que hay una felicidad infinita dentro de nosotros, no dentro de nuestra persona física, sino dentro de nuestro espíritu.

Somos espíritus inmortales. Vivimos por siempre y dentro de nuestro espíritu, dentro de lo que es eterno en nosotros, hay un lugar de infinita felicidad. Y puedes llegar a ella de la misma manera que vas al refrigerador por comida. Es siempre abundante y siempre está ahí. Ahora bien, no soy optimista ni eufemístico o irreal en ningún sentido.

La mayoría de las personas son completamente inconscientes de la eternidad. Ven el cielo y las estrellas en la noche y creen que eso es la eternidad. Eso no es más que los sentidos en contacto con el mundo sensorial. Fuera de la dimensión física existen otras dimensiones. Hay dimensiones astrales y hay dimensiones causales. Las dimensiones causales son dimensiones de luz, planos de luz. La felicidad, en forma limitada, está en las dimensiones físicas, y también en forma limitada en las dimensiones astrales; pero en las dimensiones causales existe en forma ilimitada. Las dimensiones causales, a las que me refiero como planos de la luz, son felicidad. Son todas diferentes y no tienen fin. Y desde luego bordean las orillas del nirvana, el cual está más allá de toda discusión y va más allá de la felicidad misma hacia algo diferente —una condición de tanta perfección que no puede ser expresada.

La meditación es un viaje a la felicidad. A medida que meditas y entras en los planos de luz, eres más feliz, inmediatamente feliz. Esa felicidad te permitirá compactar tu vida, transformarte y abrirte a esos planos —no sólo cuando meditas, sino después todo el tiempo, de modo que estarás en un perpetuo estado de meditación. Es decir, que puedes estar físicamente en este mundo y tener la gran cantidad de experiencias que esa vida ofrece, y al mismo tiempo uncir tu campo de atención, unir tu conciencia a los planos de luz, y con el tiempo al nirvana mismo. Puedes crear una apertura consciente e ir y volver entre estos lugares.

Por lo tanto, mientras trabajas, escribiendo sobre el teclado o haciendo cualquier otra cosa, o en el colegio, o jugando, o haciendo deportes o atletismo, cuando estas en una situación muy difícil donde todo el mundo está encima de ti, porque ellos no son muy felices, o cuando hacemos algo alegre y bello. En esos momentos en que estas físicamente dedicado a tus actividades, tu mente puede estar errando a través de los planos de luz eternamente, adquiriendo contantemente nuevas y mayores experiencias que te dan felicidad.

El truco para ser feliz es ir más allá del cuerpo, no solo a los planos astrales. Los planos astrales no necesariamente te hacen feliz. Hay personas que tienen acceso a los planos astrales. Pero en esos planos siguen siendo quienes son aquí y eso no crea felicidad. Ir a los mundos astrales es como ir a otro país. Eres quien eres aquí y cuando vas a otro país eres la misma persona allá.

Pero cuando vamos a los planos causales, a los planos de luz, en ese momento te conviertes en alguien más. La naturaleza de los planos causales es luz pura. La luz vibra muy rápidamente. Estar en los planos causales, estar en los planos de luz, experimentarlos, elimina las partes de ti mismo que causan infelicidad y dolor. O quizás sea más correcto decir que nos proporciona un mejor entendimiento de lo que somos.

Llegaras a ver que no eres necesariamente el cuerpo o la persona que tiene experiencias. Ni eres la personalidad, el ego, que reacciona con orgullo o con rabia o con esperanza. No eres necesariamente el cuerpo de deseos, ni los pensamientos, ni los recuerdos. Ves que eres un campo de luz, un interminable campo de luz, una intersección de luz, y que por un tiempo la luz ha tomado forma y figura en el cuerpo que ocupas ahora, en el universo que aparece ante tus sentidos, y que experimenta el juego de la vida —las emociones, los dramas, la telenovela de la existencia.

La felicidad real proviene de la experiencia de la meditación y de llegar a un punto en donde te gusta la vida. Puedes disfrutarla, pero no debes centrar tu felicidad en lo que ocurre aquí. La meditación es un encuentro directo y vívido con la inmortalidad. No es un ritual. No se basa en pensamientos inspirados en el deseo. Es algo que vas y haces. Es como nadar. Saltas al agua y ahí estas, nadando. Es una experiencia real, muy visceral. Pero la experiencia de la meditación, la experiencia de los planos de luz, a la que yo definiría como la experiencia de la meditación, te cambia. Es decir, hace que desaparezcan todos los bloqueos, la ruindad, la infelicidad, las tendencias autodestructivas. Cuando te das una ducha, se limpia toda suciedad. Cuando entras en los planos de luz, todas las ideas incorrectas, las formas incorrectas de ver y entender la vida que recogemos a lo largo del camino, se lavan y desvanecen.

Por lo tanto, si entras en los planos de luz por la mañana y por la noche durante la meditación, te desprendes de todo lo que has recogido. Pero también ganas terreno en cierto sentido, porque cuando entras en los planos de luz, más luz regresa contigo cada vez que meditas. Te hace más hábiles en la meditación. Y cada mañana cuando meditas puedes experimentar un éxtasis más profundo. Cada noche cuando meditas puedes experimentar una realidad más profunda. Podemos entender mejor la vida. En otras palabras, los planos de luz ciertamente te proporcionan poder, el poder de sobreponerte a las circunstancias, el poder de elevarte sobre tus deseos y aversiones a la felicidad.

Tus experiencias en los planos de luz crearán balance y una felicidad en tu vida —sólo en cosas simples. Pero también te dan sabiduría, la cual te saca de la trampa del yo. La trampa del yo es lo que causa infelicidad. Es en lo que nos atoramos. Nos definimos demasiado. Estamos muy seguros de quiénes somos y de lo que hacemos. Estamos tan seguros, que no somos muy felices. Mientras que la inteligencia infinita del universo, que es lo que realmente somos —la luz pura, el espíritu puro radiante— no es tan definible. Puede tomar cualquier forma o ninguna forma. Puede ser todo esto o algo más que no conocemos.

Cuando meditas y aquietas la mente, cuando te relajas un poco y te tranquilizas, y cuando dejas ir por un momento los deseos y aversiones y entras en la luz si lo haces con todo tu ser, con todo tu cuerpo, mente y espíritu— estarás purificado. Estarás energizado, pero también serás más sabio. Obtendrás sabiduría, el conocimiento de las cosas de este mundo, de otros mundos y de más allá de los mundos. Esto simplemente te llegara.

La manera como obtenemos sabiduría durante la meditación no es con alguien que nos explique algo. Todo lo que el maestro hace es explicar cómo llegar a los planos de luz, cómo penetrar más profundamente en ellos, cómo evitar las cosas que nos mantienen fuera de ellos. Y por supuesto, un maestro iluminado, un maestro completamente investido de poder, puede elevarte directamente a esos planos de manera que puedes familiarizarte con ellos y entrar en ellos más rápida y frecuentemente. El maestro acelera el proceso educativo. Pero eso es todo lo que hace un maestro iluminado. Te enseña a reír, a ser equilibrado. Pero no te da sabiduría. Puedes obtener alguna sabiduría observando cómo actúa y reacciona — sabiduría de cierta clase. Pero la sabiduría real se obtiene personalmente durante la meditación. Es algo que obtienes en los planos de luz.

Nadie sabe realmente cómo funciona, es decir, que no puede expresarse con palabras. Pero cuando meditas, si puedes detener el pensamiento o aun distanciarte del pensamiento y entrar en los planos de luz, o dejar que los planos de luz entren en ti, saldrás de la meditación sabiendo cosas —cosas que tal vez son inexpresables. Podrás aprender cómo moverte a través de las dimensiones. Podrás aprender cómo disolver el yo. Podrás aprender cómo utilizar los poderes siddha para curar o hacer toda clase de cosas. Ese es un tipo de conocimiento. Podrás simplemente aprender a ser más inteligente, sereno y atento, a ser más consciente, a ser más divertido. O podemos obtener la sabiduría de la inmortalidad, el conocimiento que tiene la vida, el cual es inexpresable.

Así, la meditación es el camino corto a la felicidad. Es el camino para llegar a ser completamente feliz. Hace el proceso más eficiente. Te lleva más allá del sistema operativo de deseo-aversión que ofrece una felicidad muy limitada y mucha frustración. La meditación, a medida que la practicas — no es suficiente hablar de ella sino practicarla— si puedes darle seriedad, en otras palabras, si la intentas realmente, hallaras que la felicidad es algo que estará constantemente en tu vida.

Al principio, cuando empiezas a practicar la meditación, la felicidad, por supuesto, será limitada, porque no puedes penetrar tan profundamente en los planos de luz. Pero mediante la práctica obtendrás un poco de felicidad, y eso te inspirará a meditar más. Con una práctica consistente obtendrás acceso a los planos de luz, especialmente si tienes un maestro iluminado que te guíe y se asegure de que estas entrando en los planos de luz y no en los planos astrales. Entonces, cada día, a medida que progresas en el sendero, serás más feliz. Podrás entonces ir a vivir la vida, hacer una carrera, disfrutar de los deportes, hacer lo que sea necesario; pero te darás cuenta de que la felicidad no es huidiza. Será lo que eres.

Si te sientas a meditar en la mañana, te llenaras de felicidad y esa felicidad te durará todo el día. Luego, en la noche, medita otra vez y te desprenderás de todos los desechos que has recogido durante el día —opiniones incorrectas y esa clase de cosas que pueden conducir a la infelicidad. Y estarás lleno e inundado de una clase diferente de felicidad, la felicidad de la noche. Estarás feliz toda la noche. Medita en la mañana y despréndete de todo lo que recogiste durante el estado de sueño. Es un ciclo, el ciclo de la iluminación. Se basa en la meditación.

El papel del maestro es asegurarse de que la práctica es pura, es decir, que los métodos sean enseñados apropiadamente. Guiando adecuadamente al estudiante y orientándolo, para asegurar que realmente esté entrando en los planos de luz y que no se esté engañando a sí mismo. Porque el plano astral y las dimensiones astrales no son lugares de gran felicidad necesariamente. Como dije antes, es como viajar a otro país. Por lo tanto, el maestro tiene que asegurarse de que el estudiante esté meditando verdaderamente y que esté progresando en la meditación, y tiene que proveer los poderes e instrucciones necesarios para esto. Eso es todo. Eso es la enseñanza verdadera, asegurarse de que el estudiante esté en el camino y que este camino conduzca hacia una luz mayor y más profunda.

El resto lo hace la luz. A medida que entras en la luz, te hace más y más feliz. Cada día tendrás una mayor felicidad, una felicidad más sutil o tal vez más profunda, y esa felicidad te libera del ciclo o síndrome del deseo-aversión.

Suena muy bien ¿no es así? En efecto, es así. Es mucho mejor de lo que suena. Y es una cosa tan simple que se nos pasa por alto. Vale la pena que te sientes y practiques la meditación, si la felicidad es una de las cosas importantes en tu vida. Es como hacer dinero. Hacer mucho dinero, y ello ciertamente no es un problema —es menos que un problema. Si eres muy feliz, si tienes abundancia de felicidad, entonces la vida es esplendorosa. La vemos más correctamente.

La infelicidad es realmente una visión incorrecta. Cuando somos desdichados no vemos la vida como realmente es. Esto significa que no estamos en una condición de luz. Estamos en una condición de luz velada, de sombras. No vemos muy bien y lo que creemos que es, no es. En la oscuridad no puedes ver. Chocas con las cosas y las tomas por algo diferente. Te tropiezas con una soga y piensas que es una serpiente y te asustas. O tal vez es una serpiente y pienses que es una soga y crees estar seguro.

En la luz podemos ver lo que es y lo que no es. Sabemos lo que es correcto y lo que no es apropiado —correcto en el sentido de que es verdaderamente la esencia de todas las cosas, el dharma, el bien fundamental. Si nos sumergimos en el bien fundamental, nos liberará de todas las limitaciones, de todos los pesares, de toda ignorancia, y tendremos esa sonrisa ingenua en nuestra cara o tal vez en nuestro corazón. Eso es lo que es la iluminación.

La iluminación, al menos en el mundo externo, es ser felices, sin importar lo que esté pasando —si tienes éxito o eres un fracasado, si estas de ánimo o no, si estas adentro o afuera. Esa es la iluminación verdadera en el mundo externo. En el mundo interno es diferente. Es más profunda, es inefable. Es más difícil de expresar.

Por lo tanto, se feliz. Se siempre positivo, porque eso significa que estás viendo las cosas correctamente. Y si eres negativo, si estas deprimido, si eres infeliz, eso simplemente significa que no estás viendo la vida en su perfección. En vez de frustrarte por ello, siéntate a meditar. Despeja la mente, se paciente, sigue las instrucciones de un maestro iluminado en tu práctica de meditación, y entonces llegaras a conocer todas las cosas y estarás libre de toda limitación y serás feliz. Realmente es así de sencillo.

8. Reencarnación

La reencarnación es una danza. Es el movimiento de la vida al ritmo del universo. La idea es simple. Hay espíritu y hay materia, y éstos se juntan —como compañeros de danza. Los dos hacen una danza. Están juntos por un tiempo mientras se encuentran en el salón de baile, y luego se separan y van por caminos individuales por un tiempo. Luego regresan y bailan otra vez y así continúan por siempre.

El espíritu, la parte eterna de nuestro ser, es indescriptible e ilimitado. Somos espíritus eternos. Como espíritus siempre hemos existido en una forma generalizada, puesto que somos parte del universo, del espíritu del universo. Como espíritus individuales hemos existido por tiempo inmemorial. En ese tiempo hemos participado en la danza de la reencarnación. La reencarnación simplemente significa que hemos vivido antes, que vivimos ahora y que viviremos de nuevo, que la vida no tiene fin y que la muerte es solamente una pausa breve en nuestro viaje. Es un descanso. Cuando alcanzamos el final de una vida, descansamos. Los danzantes toman un descanso. Y luego vamos de nuevo, con un nuevo compañero, con un nuevo cuerpo, con una nueva vida.

La reencarnación es un proceso cíclico. La idea es que hay interminables niveles de creación, universos o dimensiones diferentes, podrías decir. Y en cada uno algo similar está ocurriendo: evolución, evolución del espíritu a través de la materia. Ahora bien, decir que la materia y el espíritu son diferentes es una manera de hablar. Es una manera de tratar de discutir algo. No son necesariamente diferentes, ya que ambos vienen de la luz eterna. El samsara, el mundo de la experiencia, de la experiencia temporal, y el nirvana, el mundo de la iluminación, son en realidad uno solo. Ese es un conocimiento que tendrás algún día en el mundo de la experiencia iluminada. Pero para propósitos de discusión, es ciertamente mucho más fácil separarlos.

Por lo tanto, la reencarnación es un proceso que ocurre en dimensiones interminables. Pero sólo veamos la nuestra porque, mientras las formas difieren, el proceso es igual. Si podemos entender cómo funciona una ciudad, eso no nos dirá cómo son todas las ciudades ni nos dirá todo acerca de ellas, pero nos proporcionará un conocimiento básico que probablemente es aplicable a la mayoría de las situaciones.

En este universo, o sea en el mundo de la tierra donde vivimos, los individuos están en diferentes niveles de evolución. Todos pueden tener cuerpos humanos, pero sus almas son diferentes. Algunas almas están más avanzadas, otras lo están menos —avanzadas en el sentido de que están más conscientes de sus posibilidades. Las almas avanzadas buscan iluminación. Las almas que no están tan avanzadas buscan felicidad y placer en la experiencia sensorial. El alma más avanzada ha aprendido que la felicidad, que la realización, no vienen realmente de llevar sólo una vida física. Esta puede ser agradable. Puede ser dolorosa. Puede ser una combinación de ambas condiciones. Pero la felicidad real proviene de envolverte en el mundo del espíritu, en el mundo de la luz, en los mundos de la iluminación.

El alma avanzada es realmente el punto de discusión en nuestro viaje a través de la reencarnación. Tu interés en el tema sugiere que estas más avanzado que la mayoría de los individuos, porque la mayoría de individuos en la tierra no son atraídos a la luz más alta en este momento. Esto de ninguna manera te hace a ti, o a ninguna otra persona que esté interesada en estas cosas, superior a nadie más. Si estas en el octavo grado, no eres mejor que alguien que está en el cuarto grado. Ya estuviste en el cuarto grado, y ahora estas en el octavo. Quienes están en el cuarto algún día estarán en el octavo. Es una progresión.

Pero lo que resulta interesante acerca de la reencarnación desde el punto de vista del alma más avanzada es, digamos, cómo funciona el proceso, o sea, ¿dónde estoy yo? ¿Cuáles son mis posibilidades? ¿Hay alguna forma en que pueda conocer mejor este sistema, de modo que pueda sacar más provecho de él? Esa es la perspectiva del alma más avanzada. Y realmente nuestro interés es dual. Un interés es la experiencia de esta vida, y el otro es la experiencia entre vidas. La experiencia de la próxima vida está muy lejos para que nos interesemos en ella, y será el resultado de esta encarnación, y de lo que ocurra entre la vida y la muerte.

No hay mucho que podamos hacer acerca de nuestras vidas pasadas. Ya terminaron. No hay mucho que podamos hacer acerca de nuestra vida futura porque no ha ocurrido todavía. Pero nuestro conocimiento y experiencia, nuestra sabiduría, pueden asistirnos para obtener más de esta vida, lo cual correctamente establece nuestra próxima vida. Por supuesto, también pueden asistirnos durante la etapa intermedia del plano del bardo, cuando estamos entre vidas, entre el nacimiento, la muerte y el renacimiento, en medio de todo.

Si en esta vida tienes la sensación de que has vivido antes —un sentimiento, un entendimiento, un conocimiento, un conocimiento silencioso— ello puede ser de mucha ayuda porque te permite enfrentar felizmente tu vida diaria. Si sabes que has vivido antes, que has tenido muchas, muchas vidas, innumerables vidas, entonces lo que te sucede en esta vida no es tan traumático. Si esta es la única vida que tenemos, entonces todo asume una gran importancia, tal vez una importancia demasiado grande. Tienes que sacarle todo a esta vida y tal vez hagas más de lo necesario. Si estas vivo hoy, y sospechas que estarás vivo mañana, disfrutaras el hoy pero habrá un mañana, y no tendrás que hacer todo el día de hoy. No tendrás que experimentarlo todo hoy. No tendrás que conocer toda clase de felicidad o tener todo tipo de conocimiento hoy, porque hay un mañana.

Cuando sabes que hay vidas futuras no es necesario atiborrar todo durante esta vida. Podrás disfrutar esta vida, ir tras tus intereses, seguir el flujo de la vida y saber que te conducirá a una vida mejor en tu próxima encarnación. La reencarnación es un viaje de esperanza, porque en cada vida adelantamos hacia un lugar que es mejor que nuestra vida pasada, a un lugar dentro de nosotros mismos, a una conciencia. Piensa en la reencarnación como una escuela. Cuando vas a la escuela estas en el primer grado y luego llegan las vacaciones de verano. Luego vienen el segundo grado y las vacaciones de verano. No regresas al grado anterior, por supuesto, a menos que hayas reprobado el curso. Y si lo haces, tomas esos cursos otra vez y sigues adelante. Las vacaciones de verano son un respiro. Son una oportunidad para relajarse, divertirse, hacer algo diferente, porque no puedes estar aprendiendo todo el tiempo. No aprendes mucho y después de un tiempo estarás agotado.

La reencarnación funciona en forma parecida. En esta vida, estas en el nivel de tu conciencia actual. Esta es tu materia. El tema que estas estudiando hoy es tu vida y lo que puedes hacer con la fábrica de la vida que tienes, para ser más feliz, estar mejor informado, ser más conocedor, ser más equilibrado, ser más libre. ¿Cómo puedes usar esa fibra, esa textura? ¿Cómo puedes cambiarla? ¿Cómo puedes interactuar con ella para ir a un lugar mejor, a un lugar en el que puedas disfrutar más dentro de tu mente?

Si te va bien en esta vida, entonces ese conocimiento, esa conciencia, permanecerá dentro de ti, dentro de la estructura causal, esa parte de ti que vive de una vida a otra. Y estará disponible en tu próxima vida y en vidas futuras, aunque no necesariamente en el momento de nacer. Pero si meditas, regresará a ti. Si en esta vida no enfrentas el desafío, no aprendes nada nuevo; si eres medio vegetativo en esta vida (Rama sonríe), en esta encarnación, entonces regresaras al mismo lugar en la próxima vida. Entonces podrás intentarlo de nuevo.

En otras palabras, saber acerca de la reencarnación nos ayuda a relajarnos. Nos ayuda a gozar de lo que gozamos y nos ayuda a entender la muerte y el morir. Cuando vemos morir a alguien que amamos, no es un final. Es simplemente otro paso, o tal vez un nuevo comienzo. Aunque nos ponemos tristes de ver a nuestros amigos que se van a las vacaciones de verano, tenemos la sensación de que podemos estar con ellos de nuevo —si eso es lo que nos gustaría hacer. Y ciertamente no hay una sensación de pérdida por la muerte. La muerte no es un final. La muerte no es el fin, sino todo lo contrario. Saber esto hace mucho más fácil nuestro viaje a través de la vida y más fácil abordar nuestra propia muerte y la muerte de los que amamos.

Podemos estar vivos y sobreponernos a ese miedo a la muerte que asalta a tantas personas, particularmente a la gente mayor. También hay algo que podemos hacer. Podemos obtener más conocimiento y poder en esta vida. Aun si a veces en una encarnación tenemos una sensación de frustración —porque las cosas no nos están resultando como queríamos en el nivel físico— si reúnes todo tu poder, si meditas profundamente, si aprendes de la vida, si la estudias, entonces no importa lo que te ocurra físicamente —si tu situación es buena o mala— le abras sacado provecho de esta vida.

Ninguna vida es una pérdida si has aprendido algo, porque este aprendizaje permanece contigo. Si te encuentras en una situación muy difícil o en circunstancias dolorosas, si puedes ver el lado bueno de las cosas y si puedes aprender de ellas, entonces no hay sensación de pérdida. Si has aprendido, no existe tal cosa como una vida malgastada.

Reencarnación es evolución del espíritu por medio de la materia. El alma evoluciona durante miles y millones de vidas. Penetra en la luz. El crecimiento es lento. La progresión es constante. Sin embargo, no todas las almas alcanzan la iluminación. La iluminación existe dentro de todas las almas y todas las cosas. Pero algunas almas llegan a cierto altiplano, a cierta cima, y se quedan ahí. Algunas almas en realidad declinan en cierto punto y entran en ciclos diferentes. En otras palabras, algunas personas tienen la idea de que la reencarnación es, o que la reencarnación significa, que el alma empieza en un estado de ignorancia y con el tiempo progresa hacia la iluminación, y que todos los seres finalmente alcanzan la iluminación —seres sensibles, seres vivientes. Eso no es cierto. Esa es una forma simplista de ver las cosas.

La vida no tiene necesariamente un propósito fijo. Simplemente es. Es una expresión que es desconocida, hermosamente desconocida. Y que nosotros superpongamos puntos de vista humanos e intentemos darle forma y formatearla de modo que nos sintamos cómodos con ella, es interesante, pero no es necesariamente exacto, ni implica que el conocimiento de la vida sea algo incómodo. No es ninguna de estas cosas.

Algunas almas en su progresión a través de las encarnaciones llegan a un altiplano, y ese es un buen lugar para pasar un rato. Se quedan ahí, podrías decir. Después de muchas, muchas vidas alcanzan cierto nivel de conocimiento, y simplemente continúan a través de las vidas que se encuentran en ese nivel. Una vida tras otra es más o menos igual, pero les gusta de esa manera.

Algunos seres descienden. Es decir, olvidan. El alma cae en un eclipse de sí misma y durante algún tiempo hay una progresión descendente. Algunas almas alcanzan la iluminación. Estas realmente continúan ascendiendo hacia los más altos gradientes de luz. Nadie sabe por qué. Podría decirse que es una inclinación individual. No estoy convencido de que ese sea el caso. Es simplemente la manera cómo funciona el universo.

Pero si nos colocamos por encima del punto de vista individualizado de la vida, por encima del viaje del alma individual, te darás cuenta de que todos somos uno. Todos somos una luz. Todos somos una esencialidad. Todos somos una esencia bella y perfecta. En ese sentido todos somos iluminados. Todos somos uno. Todos somos percepción perfecta. Y sin embargo, en la manifestación externa de la vida asumimos papeles diferentes y llevamos a cabo tareas distintas.

Las almas realizan viajes diferentes. Lo mejor es conocer no lo que todo el mundo hace sino lo que tú haces. El descubrimiento personal es esencialmente encontrar tu propio dharma, tu propio ritmo —conocer eso y seguirlo. Y si buscas iluminación, lo que necesitas saber es que hay una manera definida de progresar. Hay una manera definida de almacenar y acumular poder, de volver a despertar el poder de vidas pasadas para continuar tú viaje. También hay una forma de utilizar el momento de la muerte y la experiencia del plano después de la muerte para avanzar.

Podría decirse que no me interesa mucho la experiencia después de la muerte. Si has hecho un buen trabajo en la vida actual, si has puesto el tiempo necesario en ello, entonces en tu próxima vida todo estará arreglado para ti. Compáralo con la escuela. En la universidad, si estudias todo el semestre y haces un buen trabajo, los exámenes finales —si son acumulativos— no son gran cosa. Sólo tendrás que repasar ligeramente porque has estudiado todo el tiempo. Cuando todos los demás están estresados y estudian interminables horas y obtienen calificaciones mediocres, tú recibirás una "A" (la calificación más alta), después de un ligero repaso, porque has estado progresando. Esa es la mejor forma de proceder. Ciertamente es posible dejar todo para el examen final. Si no has estado estudiando, es posible que obtengas una calificación mejor trabajando duro en el último minuto. Y en eso consiste esencialmente la experiencia después de la muerte. Es decir, el yoga del plano del bardo, el yoga de la experiencia después de la muerte, es una forma de intentar de mejorar tu calificación (Rama ríe) porque no has hecho todo lo que debieras haber hecho.

Lo mejor es hacer un buen trabajo desde el principio. Si meditas, si llevas una vida limpia, a pesar del egoísmo, la vanidad, los celos y todos los pensamientos extraños que pasan por la mente y la personalidad; si a pesar de todas estas cosas continuas divirtiéndote con el yoga y el budismo; si continuas siendo claro y positivo, si tienes esperanza, y continuamente sigues el sendero de la iluminación, sin importar cuántas veces te desvías, entonces aprenderás mucho. Acumularas más conocimiento y te trasladaras hacia una encarnación superior. Esto significa que en tu próxima vida serás más sabio de lo que fuiste en ésta, más feliz, y que no tendrás que soportar tanto sufrimiento. O que si te toca sufrir podrás utilizar el sufrimiento para avanzar aún más.

Por otro lado, es posible, como he dicho, que si en el último momento no has hecho todo que podrías haber hecho con tu vida, si no te has interesado tanto como pudieras haberlo hecho, es posible en el último momento hacer una enorme transición e ir mucho más arriba, experimentar la eternidad más directamente y más completamente, uniéndote en el plano del bardo a los campos superiores de la iluminación.

Hay un libro llamado *"El libro tibetano de los muertos"*. Este libro es realmente una guía de instrucción, una guía de viaje para la experiencia después de la muerte. Hasta cierto punto es muy difícil entender debido a que está escrito principalmente en símbolos, pero si has avanzado bastante en la práctica de yoga podrías entender esos símbolos. Es esencialmente una guía que instruye cómo reconocer y pasar por una serie de prácticas de meditación en el momento de la muerte, y después de la muerte en el plano del bardo, de manera que la próxima encarnación sea una encarnación superior. En verdad, es una yoga muy difícil de practicar, y para empezar, es algo que sólo alguien muy adepto a la práctica del yoga realmente puede llevar a cabo.

Es un libro interesante de leer, y creo realmente que mucho del conocimiento de *"El libro tibetano de los muertos"* es útil para los vivos porque la experiencia del plano del bardo no está limitada a la hora de la muerte. La vida es el bardo. Es decir, la experiencia de la muerte es experiencia de la vida en cierto sentido. Los planos de conciencia que están disponibles a la hora de la muerte también lo están para los vivos, y las transmutaciones que pueden ocurrir a la hora de la muerte también pueden ocurrir mientras estamos vivos. En este sentido es de ayuda para ambos, los vivos y los muertos.

Pero como dije antes, lo mejor es hacer un buen trabajo en esta vida. Si tienes un sentido de la oportunidad de la vida, si sientes que, "Sí, habrá otra encarnación", y "Sí, sí importa lo que hago en esta encarnación", esa es la mejor actitud. Si sientes que estas bajo una tremenda presión para hacer todo perfecto en esta vida de modo que no tengas una encarnación horrible en la próxima vida, me parece que eso es demasiado. Pienso que la vida no debe ser tan meticulosa y que ese tipo de miedo es innecesario.

Algunas personas no disfrutan la vida porque sienten que están trabajando dura y arduamente para cosechar buen karma para su vida próxima. No creo que esa sea una manera correcta de entender el proceso de la reencarnación. Me parece que la felicidad es algo que no debe postergarse. Si estamos postergando la felicidad, probablemente es algo que nunca experimentaremos mucho.

La felicidad es algo que viene por crear buen karma, y el monje o el individuo que piensa, "Bueno, estoy trabajando duro por todos los demás y por la salvación de todos, y eso me va a dar una gran vida próxima", y que tiene la sensación de que no es placentero hacer lo que está haciendo, realmente no está creando ningún buen karma y no tendrá una mejor vida que la actual.

Una mejor vida no proviene de alguna escala kármica sino del conocimiento interno. El conocimiento interno nos hace felices. En otras palabras, no se trata de que alguien nos esté observando. Hay la creencia entre muchos yoghis o practicantes de que existe una balanza o registro gigante donde alguien lleva la cuenta, como se supone que lo hace Santa Claus en la Navidad, y que determina la asignación de regalos de acuerdo con lo bueno o malo que hemos sido. Eso es absurdo. Esa es una forma muy exotérica de entender la reencarnación. De acuerdo al entendimiento esotérico, lo que serás en la próxima vida es el total de las realizaciones que has tenido en esta vida. Las realizaciones en esta vida son acumulativas en el sentido de que aumentan a medida que envejeces, si te mantienes practicando yoga. Si eres más feliz cada día, esto significa que estas practicando yoga. Que tu yoga, tu budismo, es exitoso. Si no eres más feliz cada día, si no te sientes mejor, si no ves un desarrollo progresivo en tu vida, día a día, mes a mes y año tras año, entonces es que ciertamente no estas practicando yoga o budismo, y por lo tanto, no puedes estar acumulando ningún karma positivo. El karma positivo es un estado mental mejor.

Se honesto contigo mismo es absolutamente necesario en la práctica del budismo. El punto principal de ser honesto contigo mismo es que necesitas preguntarte: "¿Realmente estoy practicando budismo? ¿Realmente estoy practicando yoga? ¿Realmente soy más feliz? ¿Me siento mejor acerca de mi vida? ¿Me siento más relajado?" Aun cuando las circunstancias de la vida son a veces estresantes y caóticas, aparte de eso "¿personalmente me siento mejor? ¿He alcanzado este año un estado mental que es bastamente superior al estado mental en el que estuve el año pasado?" Si la respuesta es no, entonces debes volver a empezar tu yoga y budismo. No lo estás haciendo correctamente y ciertamente tu práctica no te conducirá a una mejor encarnación o como la quieras llamar.

En otras palabras, pienso que todas las encarnaciones son esta encarnación y el propósito primario de la reencarnación, el conocimiento de la misma, es que nos asegura que la vida merece ser vivida, que todo esto no es vano ni fútil y que la práctica espiritual que hacemos en una vida dada no es una pérdida de tiempo. La vida no es algo de una sola oportunidad. Es para siempre y las cosas sí cuentan. Pero ser tan simplista como para pensar que puedes salir a ayudar a una gran cantidad de personas y de alguna manera obtener una vida mejor, eso no es reencarnación como yo la conozco. Es fantasía. Una mejor vida proviene de ser feliz y de las realizaciones internas. Ahora bien, si ayudar a otros agrega a eso, muy bien. Pero posponer la felicidad —el sufrimiento, en otras palabras, el sufrimiento intencional y posponer nuestra felicidad, no es yoga ni budismo, y no conducirá a una mejor encarnación.

Si quieres tener una encarnación mejor, tenla ahora mismo. Si esa es tu actitud y simplemente te dejas ir y meditas y tratas de ser sabio y compasivo, tan comprensivo como puedas, aprende a tener paciencia y practicar las virtudes superiores, y si las disfrutas, si te diviertes con ello, eso es yoga. Ese es el budismo como yo lo conozco. Entonces el proceso se vuelve más y más excitante, y el éxtasis se vuelve más profundo, y eso es lo que irá a tu próxima vida. Así es como nacerás, como persona feliz. Me imagino que, mientras todos los demás bebés estarán llorando en su cuna en la sala de maternidad (Rama ríe), tu estarás sonriendo. Bueno no estoy tan seguro de eso, pero será algo así. Ten sentido del humor.

Entonces la reencarnación no es lo que muchas personas piensan. Sí, somos eternos. No, no todo el mundo alcanza la iluminación. No es necesario. La vida es más inteligente que nosotros. Lo que se supone ha de pasar pasará. Estamos hablando del cosmos, y él tiene sus propios procedimientos. Observar esos procedimientos y estar en contacto con ellos es sabiduría. Pero intentar de meter todo en un paquete mental ordenado es imprudente porque te sorprenderás cuando descubras que no funciona de esa manera, que eso no era cierto. Tus ilusiones te resultarán dolorosas.

El mejor uso de la reencarnación, el mejor conocimiento de ella, es saber que nos da una vida mejor hoy, ahora mismo; la sensación de que la muerte no es el final y que no le tememos; la sensación de que tiene sentido hacer un buen trabajo con tu vida porque tendrás una vida más feliz ahora y serás más feliz en tu vida próxima. Tener miedo de nuestra próxima vida porque sentimos que no hemos hecho una buena labor en esta vida no es sensato. Sólo crea infelicidad ahora.

Tu próxima vida es otra oportunidad de aprender lo que no aprendiste en ésta. En otras palabras, el conocimiento de la reencarnación deberá relajarte un poco. Al mismo tiempo, deberá indicarte que vale la pena buscar el conocimiento interno porque sin duda ese conocimiento interno hará tu próxima vida más placentera de lo que ésta fue. Pero el conocimiento de la reencarnación no es algo que cause miedo. Es algo que te inspira para ser feliz hoy, y por supuesto, también te muestra que por medio de la práctica de la meditación y entrando en los planos de luz puedes traer a esta vida todas las realizaciones que has tenido en vidas pasadas, o por lo menos aquellas que necesitas para hacerte fuerte y para que te muestren cómo ir aún más lejos hacia una felicidad mayor, y a un éxtasis más elevado, con más alegría. Esa es la esencia de la reencarnación.

La esencia de la reencarnación es tener hoy la mejor vida que puedas tener, no importa lo que esté ocurriendo en la tierra o en el lugar donde nos encuentres, y no preocuparte por tu vida futura —simplemente tener ahora mismo una vida maravillosa y ser lo más feliz posible. La felicidad vendrá, por supuesto, por medio de la práctica del yoga y el budismo, tranquilizando la mente en la meditación y dejando que el espíritu se despliegue. La felicidad no es algo que pierdes al final de esta vida. Permanecerá contigo, y en la próxima vida estarás mucho más lejos. Será más fácil regresar a ese lugar de lo que fue esta vez, y podrás llegar más lejos.

La reencarnación es un conocimiento que nos llena de esperanza en la vida. Es un conocimiento preciso de la vida. En cada vida crecemos, nos desarrollamos y evolucionamos. Mientras continúes practicando meditación y yoga, finalmente alcanzaras el mundo de la mente iluminada y serás totalmente libre y perfectamente feliz y sabio.

La reencarnación es la noticia feliz, la buena noticia. La vida es eterna y vale la pena vivirla, y lo que hacemos en esta vida no es fútil. La muerte no es el fin. Nuestra práctica en esta vida nos asistirá en la próxima vida, y si no llegamos a un completo entendimiento en esta vida, no es un problema. Para eso está la próxima vida. Y sí, puedes dejar todo para cuando lleguen los exámenes. Puedes leer *"El libro tibetano de los muertos"*, y si se te pasó en esta vida, si no hiciste el trabajo, podrás tratar de hacerlo al final. Pero ese no es nuestro punto de discusión hoy.

9. Éxito profesional

Soy maestro de budismo americano. El budismo americano es una nueva forma de budismo. Es un poco diferente de nuestra práctica en el Lejano Oriente. En el Lejano Oriente el budismo se practica por lo regular en un monasterio. Entras en un monasterio y vives ahí toda la vida. Te levantas a cierta hora, las comidas se sirven a una hora determinada, y trabajas en el jardín o copias manuscritos. Meditas a ciertas horas. Estudias con un maestro o con monjes instructores. Es un tipo de vida especial. Pero en Occidente, aunque ciertamente existen monasterios budistas, me parece que la mejor forma de práctica es vivir en el mundo, tener una casa, apartamento o condominio propio, tener un auto propio. Parece que eso funciona mejor aquí.

El espíritu occidental, de América, es diferente del oriental. El condicionamiento cultural es muy diferente y parece que aquí es más difícil para la gente trabajar en equipo. Parece que aquí es más difícil para la gente vivir en armonía en un monasterio. Sin duda existen monasterios y conventos que han florecido en la tradición Cristiana por largo tiempo en Europa, América y otras partes del mundo. Pero un monasterio budista tiene cierta química. Hay ahí cierta risa, cierta emoción, cierta vivacidad y fogosidad, y eso es difícil de captar aquí. Pienso que esa misma vivacidad se capta aquí de otra forma, esto es, viviendo y trabajando en el mundo. Ciertamente resulta más desafiante en ciertos aspectos y por supuesto más o menos igual en otros, al hacer la comparación con la vida en monasterios del Lejano Oriente.

Por lo tanto, como practicante budista en América y en Occidente, o incluso en el Lejano Oriente, en Japón y otros lugares, si vives en un monasterio entonces tienes que tener un trabajo. Aun en un monasterio, por supuesto, generalmente tienes un trabajo. Pero aquí tienes que vivir y trabajar en el mundo, y la mayor parte del tiempo la gente está dedicada al trabajo, sea en la escuela o en un empleo. La escuela es preparación para el trabajo y es una clase de trabajo, y una vez que terminamos la escuela vamos a trabajar. Conseguimos un empleo.

Trabajar no es una experiencia de las nueve a las cinco. Es una vida. La mayoría de la gente se levanta alrededor de las 6:00 para prepararse para el trabajo, algunos a las 6:30, unos más temprano, y otros más tarde. Luego entran al tráfico. Algunas veces deben conducir por una hora o dos para llegar al trabajo, pasan el día ahí y luego conducen de regreso. Tienen que asegurarse que su ropa esté lista para el día siguiente. Es posible que tengan que estudiar para el día siguiente si el trabajo lo requiere, particularmente si están en una posición de supervisión o ejecutiva, o en un cargo de investigación y desarrollo.

En otras palabras, para la mayoría de la gente el trabajo representa una enorme cantidad de tiempo. Es la actividad principal que ejecutamos en la vida para sostenernos. Es algo muy importante que consume gran parte de nuestra energía, y la energía es el estudio básico o tema integrante de la práctica del budismo, del yoga —la conservación de energía. Y esa es la razón por la cual la gente vive o ha vivido en monasterios. La idea era, que las paredes del monasterio no eran para mantenerte dentro, sino para mantener fuera a todos los demás (Rama ríe), porque quieres desarrollar cierta clase de vida y la mayoría de la gente tiene otras ideas sobre el tema. Por lo tanto, los budistas han vivido por mucho tiempo en monasterios, de modo que puedan emplear cierto tiempo trabajando y cierto tiempo meditando. No quieren agotar toda su energía trabajando.

Podrías decir que vivir en un monasterio acorta el tiempo que tienes que gastar para ir al trabajo. Esto por sí solo te daría dos horas extra al día para meditar y hacer toda clase de cosas. Y en un monasterio llevas una vida relativamente sencilla. No necesitas muchas posesiones. No tienes que trabajar tantas horas para sostenerte, de modo que tienes más tiempo para jugar. Y no se considera la práctica espiritual como algo arduo o difícil, sino como un juego. Es la parte divertida de la vida.

Tú piensas que la práctica espiritual es un trabajo arduo. Indudablemente implica cierto elemento de trabajo. Pero si piensas que es un trabajo desagradable, no es práctica espiritual como yo la conozco. No tiene nada que ver con eso. La práctica espiritual es lo que haces al final del día, lo que anhelas hacer y no puedes esperar para llegar ahí. Es como la cita más especial que hayas tenido. Tienes que ponerte a meditar. Tienes que ir a ver a tu maestro. Tienes que involucrarte en un proyecto que está haciendo avanzar tu conciencia, porque el resultado inmediato, no sólo el resultado futuro de la práctica espiritual, si es genuina, es dicha, felicidad inmediata, un discernimiento más profundo de la realidad.

Por lo tanto, en Occidente, la gente emplea la mayor parte de su tiempo y energía trabajando, pero sería muy difícil si no pudiéramos ganar algo más que dinero con el trabajo. Porque si meditamos una hora en la mañana, tenemos que levantarnos más temprano que los demás. Y si necesitamos meditar una hora en la noche, pues bien, no hay mucho tiempo sino para meditar y trabajar. Y el problema es, por supuesto, que llegas a casa y estas tan cansado del trabajo que ya no tienes mucha energía para meditar y hacer una buena meditación, a menos que utilices el trabajo de manera tántrica, a menos que uses el trabajo como una manera de avanzar. Así es como defino el éxito en la carrera profesional.

El éxito profesional es utilizar el trabajo diario —sea el trabajo escolar, el trabajo en el mundo, el trabajo en casa, lavando la ropa, haciendo cualquier cosa, toda tarea física, limpiando el auto, cualquier clase de trabajo y específicamente el de nuestra carrera— utilizando la carrera y los estudios académicos como una forma para hacer avanzar nuestro estado mental. El éxito profesional, también obviamente significa ganar suficiente dinero para llevar la clase de vida que te gustaría llevar como budista practicante, para tener la oportunidad de vivir en el tipo de casa en una zona de energía apropiada, tener la clase de auto, o lo que necesites para protegerte de las fuerzas abrasivas de la vida que caerían sobre ti y te mantendrían en estados mentales inferiores. Por lo tanto, el propósito del trabajo es hacer suficiente dinero para evitar el desgaste, para resguardarte, para vivir bien, felizmente y con éxito en un sentido material. Con el trabajo también puedes hacer dinero para asistir a otros y —si eso te agrada— para pagar por tu propia práctica espiritual, para avanzar y divertirte. Pero en general defino el éxito profesional como la utilización del trabajo para tu avance espiritual.

Ahora bien, puedes hacer esto con cualquier clase de trabajo. Es decir, si utilizas el trabajo como meditación, si el trabajo se convierte en meditación, entonces ocho horas de trabajo son ocho horas de meditación. Todavía es importante hacer una meditación silenciosa en la mañana y en la noche, o sea, una meditación sentado, porque ese es un nivel de experiencia totalmente diferente. Hacer una meditación apropiada en la mañana, una buena meditación sentado, te abre hacia los planos de luz y te permitirá hacer un buen trabajo de meditación todo el día y permanecer en elevados estados todo el día. Y después, por su puesto, si lo haces cuando vuelves a casa, podrás meditar bien otra vez, ya que no estarás tan agotado como todos los demás, debido a que has obtenido de tu trabajo cierta clase de poder o chi interno. Ese es el secreto.

La meditación viene en formas diferentes, y la mejor forma de meditación es por supuesto aquella que te hace sonreír más, y esa es la meditación estando sentado. Pero la siguiente forma es el trabajo. El trabajo es una gran forma de meditar. Hay una forma particular de trabajo que recomiendo para practicar meditación. Las ciencias de la computación, ser un programador de computadoras, o un analista de sistemas, o trabajar en el campo de procesamiento de datos. Las estructuras mentales que se utilizan en las ciencias de la computación, particularmente trabajando con bases de datos relacionales y con inteligencia artificial, son muy similares a los ejercicios que se hacen en monasterios budistas. Y cuando estas en la escuela, si estudias ciencias de la computación, es literalmente como estudiar budismo. Es decir, en budismo, en la práctica budista de los monasterios, hay muchos ejercicios que hacemos para desarrollar nuestros poderes mentales de manera que podamos meditar extremadamente bien y entrar en otras dimensiones y otros estados mentales extáticos, que llevan a la iluminación. Si verdaderamente vas a meditar bien, es necesario hacer esos ejercicios, y por eso es que la gente siempre vivía en monasterios: para tener tiempo, y como dije antes, acortar el tiempo de traslado de un lugar a otro. Y es también porque hay ahí un ambiente que ayuda a la práctica, los maestros están disponibles y se tiene cierto respaldo de otros estudiantes y del ambiente.

Pero en verdad, las ciencias de la computación son fascinantes. Porque como estudiantes de la misma, a medida que avanzas en ella encontraras que desarrolla tu mente. Te fortalece la mente. Y es literalmente como hacer ejercicios budistas todo el día. Además, por supuesto, como profesión es maravillosa porque te proporciona una gran cantidad de dinero. La ciencia de la computación es un campo muy lucrativo. Es un campo muy limpio. La programación es un campo que no contamina. Siempre hay trabajo en cualquier parte del mundo porque no parece haber mucha gente que quiera hacerlo. Y puedes hacer mucho, mucho dinero, de modo que puedas cubrir todos tus gastos, hacer tu práctica budista y tener una vida maravillosa en el sentido material, y ayudando a otros, si eso te gusta. Pero a medida que estudias la ciencia de la computación y trabajas en ese ambiente, desarrollaras una maravillosa perspicacia mental, especialmente trabajando con bases de datos relacionales, análisis de sistemas, o inteligencia artificial.

Como puedes ver, el budismo es el estudio de la manera como trabaja la mente. Al principio, se le describe al estudiante sencillamente como meditación, llevar una vida feliz y activa, tener acceso a campos de energía más elevados, mover el kundalini a través de las chakras, etc. Por supuesto, todo eso es cierto en las etapas preliminares. Pero a medida que avanzas en la práctica es necesario desarrollar ciertas facultades de discriminación mental. Debes ser capaz de mantener en la mente un gran número de conceptos relacionales simultáneamente, y en los estados más avanzados es necesario que puedas establecer interconexiones, y literalmente, descubrir realidades y dimensiones con el poder de la mente. No es solo una facultad física la que hace esto. Es una inteligencia. Tienes que ser muy perspicaz para hacer esto; tu mente tiene que ser extremadamente flexible.

Por lo tanto, en los monasterios budistas, en la práctica budista, normalmente se dedica una gran cantidad de tiempo a la meditación en mándalas. Aprendes a visualizar y a mantener en la mente conceptos simultáneos, generalmente conceptos visuales, durante la meditación. Después de muchos años de hacer esto la mente se desarrolla de una manera específica que te permite pasar por las dimensiones hacia los planos superiores de luz y a los estados de atención iluminados. El trabajo con bases de datos relacionales, inteligencia artificial y campos relacionados con la ciencia de la computación, realmente involucra el mismo estado mental, particularmente la inteligencia artificial. Lo que haces en inteligencia artificial es crear una mente para la computadora, tan pura como sea posible. Estas replicando la forma en que trabaja la mente. Los dominios matemáticos asociados a la ciencia de la computación, como la teoría del caos y cosas como esas —y solo la habilidad de programar en ese nivel— requieren un alto grado de desarrollo. Si combinas esto con la práctica de la meditación en la mañana y en la noche, avanzaras muy rápidamente en la práctica espiritual, y al mismo tiempo, trabajaras en un ambiente que no es tan agotador como el de muchas carreras, y que es extremadamente lucrativo y divertido.

Pienso que la ciencia de la computación es esencialmente el campo que menos se entiende. Te pagan $30, $50 o $150 dólares por hora, la cantidad que sea, dependiendo de tu nivel, para jugar todo el día o resolver acertijos. Para una persona que está interesada en la meditación, esa es la manera en que trabaja su mente. Es decir, la mente de una persona que ha practicado meditación en vidas pasadas y que en esta vida está interesada en la meditación, en la reencarnación, en el desarrollo psíquico y en asuntos similares, trabaja en cierta forma debido a sus prácticas en vidas pasadas.

Por lo tanto, es muy fácil para tal persona tener éxito en la ciencia de la computación. Ya ha desarrollado esa mentalidad en vidas pasadas. Y aunque inicialmente debe emplearse cierta cantidad de energía, ciertamente trabajar en programación, trabajar en aprender los lenguajes y recuperar esa mentalidad, una vez que se pasa cierto punto encontraras que combinando esto, por su puesto, con la práctica de la meditación, racionalizando tu vida y haciendo todas esas cosas correctas y esenciales que hacemos en el budismo, encontraras que tu vida espiritual y tu progreso en la ciencia de la computación avanzan extremadamente, extremadamente rápido. Las dos se apoyan mutuamente.

Piénsalo de esta manera. Supón que en una vida pasada tuviste un profundo y completo conocimiento del idioma japonés. Viviste en el Japón muchas vidas. En esta vida no tienes en absoluto conocimiento consciente de esa lengua. Cuando empiezas a estudiar japonés es como si nunca lo hubieras aprendido, o digamos, es tan difícil para ti como lo es para un occidental, porque la mentalidad inicial que tienes en esta vida no tiene nada que ver con tus vidas pasadas. Ella es lo que has desarrollado en esta vida y está entrenada en un lenguaje que no es oriental. Pero si estás dispuesto a ser paciente y aprender las fases iniciales del japonés, de repente te das cuenta de que estas adelante de la mayoría de tus compañeros en cuanto al conocimiento y la habilidad de aprender el japonés. Porque si lo has sabido en vidas pasadas, tan pronto conoces los fundamentos, y si eres paciente y recuperas un poco de ese estado mental —esto te abrirá la puerta al conocimiento de la vida pasada.

Lo mismo sucede con la meditación. Si has meditado en otras vidas y has practicado la meditación y has tenido realizaciones espirituales, la meditación es algo que tienes que aprender de nuevo, y es posible que al principio seas un poco lento, como todo el mundo. Pero si persistes, súbitamente alcanzaras un punto donde superamos la barrera, y te maravillaras de la manera tan rápida de tu progreso. De repente, saltaras adelante de todos los demás —no en forma de competencia— si has practicado abundantemente en una vida pasada, porque tienes de donde sacar ese conocimiento. Pero tienes que llegar a ese lugar. Y en cada vida eso requiere cierto impulso para empezar. En la mayoría de los casos ese impulso simplemente no llega. Algunas veces sí sucede si la persona está muy, muy avanzada. Pero generalmente tenemos que volver a captar el estado de mente por medio de cierto trabajo mental en esta vida.

Lo mismo sucede con la composición de música, el diseño de edificios, la arquitectura, casi cualquiera otra habilidad de vidas pasadas. Prácticamente tienes que empezar de nuevo. Tienes que pagar con un poco de esfuerzo. Pero entonces tendrás la riqueza del conocimiento de la vida pasada a tu disposición, regresara a ti. Todo el que haya tenido éxito en cierto campo en esta vida, probablemente ha estado en el mismo durante muchas vidas, aunque no lo recuerde. Y cuando uno pasa por las etapas iniciales de aprendizaje, de repente regresa a él la brillantez que adquirió en otras vidas en un campo o esfuerzo particular.

La mayoría de las personas que practican la meditación, si eres algo psíquico, si te atrae la meditación, si es estas interesado en los asuntos espirituales, la probabilidad es que hayas hecho prácticas espirituales en otras vidas. Y que esa práctica espiritual te haya desarrollado cierto estado mental que es muy semejante al estado mental necesario para tener éxito como programador de computadoras, analista de sistemas o experto en inteligencia artificial. Así, puede ser difícil cuando estudias en una escuela de computación o en la universidad, y aún más difícil si no has hecho mucho trabajo con tu mente durante esta vida. Después de llegar a cierto punto, encontraras que es una carrera en la que es muy fácil tener éxito. La disfrutaras completamente, y encontraras que es una de las carreras más lucrativas, especialmente, desde luego, si entras en el diseño de productos y cosas por el estilo. No hay límite de lo que puedes hacer. Y es también una clase de trabajo muy agradable porque estas ayudando a otras personas a procesar información, a mejorar sus vidas.

Las computadoras son parte de nuestras vidas y lo serán aún más en el futuro. No hay muchos programas buenos y no hay muchos programadores buenos; por lo tanto, ser un buen programador es un verdadero servicio a la humanidad y al mundo, especialmente si se diseñas buenos productos. Le harás la vida más fácil a todo el mundo —todos tendrán menos dolores de cabeza, sus negocios irán mejor y sus vidas serán mejores. Y por supuesto, te harás rico y desarrollando la mente en una forma yógica, en una forma budista. Este es entonces realmente lo mejor de todos los mundos.

Naturalmente, puedes practicar o estar en otra carrera y hacer avanzar tu mente y tu práctica espiritual manteniendo una apropiada atención y utilizando la carrera para desarrollar ciertas habilidades. Pero todavía tengo que ver una carrera que sea semejante, o casi igual, con respecto al beneficio que aporta la ciencia de la computación en la práctica de ejercicios avanzados. Es como estar en un monasterio. Por siete u ocho horas permaneces sentado y te pagan por hacer ejercicios budistas que desarrollan tu mente. Haces yoga todo el día y te pagan por ello. Y es divertido. Y es emocionante, y lucrativo y no contamina. No tiene nada negativo en absoluto. Entonces, si has hecho una buena meditación en la mañana, trabajas en la ciencia de la computación durante el día, vuelves a casa por la noche y meditas más, literalmente el efecto es como si practicaras todo el día. Esto te coloca en un sitio muy elevado.

Piensa en tu carrera profesional como si fuera un vehículo. No tiene que haber pérdida de tiempo. Y esto no es cierto solamente con la ciencia de la computación. Puedes estar barriendo el piso en una fábrica. Puedes barrer el piso de forma general y no ganar nada con ello, o puedes barrerlo inteligentemente. Puedes determinar cuál es la mejor forma de barrer el piso, poner tus facultades en esta labor y utilizarla como un ejercicio de concentración y de meditación. Hay muchas cosas que puedes hacerse con cualquier tarea. Puedes apilar leña, doblar ropa, o simplemente organizar tu día. Cada vez que haces algo en forma clara, precisa y definida estas usando la mente superior. Cuando hallas una nueva manera de hacer algo has llegado a los niveles intuitivos del astral y estas creando en un nivel superior. Realmente no existe el tiempo malgastado, si la vida se utiliza apropiadamente. Sobra decir que la mayoría de la gente no hace esto. Simplemente se siguen tropezando. Quieren salir del trabajo tan pronto como pueden. Quieren hacer la máxima cantidad de dinero por una mínima productividad y eso no da como resultado una vida feliz. Sino sientes orgullo en el trabajo, y el trabajo no se convierte en una fuerza activa para hacer progresar tu atención mental a niveles superiores. No te compromete.

Digamos que querías convertirte en un atleta olímpico, y que obtuviste un trabajo que desarrollaría tus músculos de la misma forma que lo haría un programa de ejercicios. Naturalmente, tendrías que pagar por tus gastos; sabes que tendrías que hacer tu camino en el mundo hasta que lleguen los juegos olímpicos. Otras personas tal vez han recibido subsidios o becas, o financiación de alguien, y sencillamente pudieron ir a entrenar todo el día, pero tú no dispusiste de eso. Si en cambio has conseguido un trabajo que literalmente equivale a entrenar todo el día y al mismo tiempo te pagan, eso sería lo mejor de ambos mundos.

Así es como un budista utiliza su carrera. Y cualquier carrera —la de médico, abogado, o cualquiera otra— puede utilizarse para progresar. Para empezar, la clave es tener ese sentimiento, esa posibilidad de que estas trabajando no sólo para que te paguen, sino que lo haces para avanzar, y que tu carrera tiene un poder inherente para permitirte avanzar espiritualmente. En otras palabras, no debes establecer en tu mente una separación, una desconexión sintáctica, entre tu carrera y tu práctica religiosa. Si la práctica religiosa es algo que haces cuando vas al templo o a la iglesia por un par de horas a la semana, eso no es mucha práctica. El resto del tiempo es tiempo perdido.

En la clase de budismo que yo enseño, la carrera es realmente el punto central de la práctica, puesto que tu pasas tal vez dos horas al día meditando, o quizás sólo uno hora si eres nuevo en la meditación; media hora dos veces al día. Y tal vez 10 o 12 horas las dedicas al trabajo entre transportarte, vestirse, e ir al colegio o hacer tareas en el hogar. Eso es mucho tiempo. Si ese tiempo se convirtiera en meditación entonces estarías viviendo en un nivel de energía más alto todo el tiempo. Tu mente avanzaría rápidamente y simplemente estarías corriendo por el camino hacia vistas más hermosas. Experimentarías un éxtasis más profundo por medio del trabajo o por ir a la escuela.

Realmente, el punto central de la enseñanza que yo imparto es la carrera, pues empleamos más tiempo y más energía en ella que en cualquiera otra cosa. La carrera profesional llega a ser el elemento de mayor importancia en nuestra agenda que convertimos en una forma de meditación, una práctica que nos hace felices, que nos hace sabios, más equilibrados, que desarrolla nuestro sentido del humor, que desarrolla nuestros poderes de meditación y de concentración, y que luego nos permite ir a realidades ínter dimensionales luminosas, hermosas, con poder, y después, por supuesto, a etapas de atención iluminadas. Naturalmente, no puedes practicar el yoga de la carrera sin practicar la meditación por sí misma, meditando sentado, porque simplemente no tendrás disponible el kundalini. Cuando meditas por la mañana y por la noche, liberas la energía del kundalini. Esa energía, por medio de la meditación apropiada en las chakras, te permitirá entonces tener el poder mental para utilizar la mente en tu carrera en una nueva forma cada día.

La mayoría de la gente opera por repetición. En otras palabras, si vas al trabajo o a la escuela cada día en el mismo estado mental, probablemente no obtendrás mucho más de lo que obtuviste ayer. Pero si meditas por la mañana y alcanzas un estado mental que no habías alcanzado nunca antes, ese estado permanecerá contigo a lo largo del día y podrás encontrar nuevas formas de utilizar la carrera, el trabajo en la escuela y las rutinas de la vida diaria: cocinar, limpiar y manejar el auto. Hay millones de pequeñas oportunidades por las cuales puedes avanzar. Todo en la vida es un camino hacia la iluminación. Pero tienes que tener el poder personal para ver cómo hacerlo. Puedes saberlo en teoría, pero esto no significa que lo puedas hacer.

El poder personal viene de meditar en la mañana y de meditar en la noche, y por supuesto, si tienes un maestro iluminado, de recibir instrucción y transmisiones de poder. Pero luego, si combinas eso con una carrera como la ciencia de la computación, o si utilizas todo lo que tengas como yoga —la carrera en que estas o el trabajo escolar que estás haciendo—encontraras que tu práctica no es de ninguna manera menos poderosa o menos efectiva que la de una persona que vive en un monasterio. No solamente podrás estar a la par con ella, sino que es posible que sobresalgas, porque la práctica en un monasterio puede ser sesgada.

Enfrentamos ciertos desafíos por vivir en este mundo, ciertas situaciones difíciles con las cuales tenemos que tratar y que no se encuentran en un monasterio. Y tarde o temprano la persona del monasterio tendrá que superar esas cosas. Algunas personas creen que es mejor posponer y solidificar la práctica, solidificar sus realizaciones y luego emprender cosas más difíciles. A mí me gusta tratar con todo al mismo tiempo porque pienso que hay que aprenderlo de todas maneras y ¿por qué no empezar de una vez? Si estamos corriendo, hagamos la parte cuesta arriba primero, y así cuando regresemos y estemos un poco más cansados la bajada nos ayudará e iremos con el flujo de la gravedad. Cuando nuestro poder está arriba, cuando somos nuevos en algo, ese es el momento de afrentar las cosas difíciles. Es algo divertido. Es más fácil. Tenemos más energía.

Pienso que podemos avanzar más rápidamente fuera del monasterio. Personalmente creo que es mejor. Si seguimos un sendero tántrico, es decir, un sendero en el que utilizamos las experiencias de la luz diaria, de la vida diaria (Rama sonríe) —ese es un buen desliz freudiano— si empleamos las experiencias de la vida diaria para avanzar, eso es tantra. Tantra es la forma de budismo y yoga en la cual no sólo se libera el kundalini por medio de la meditación en las chakras, sino en la cual se utilizan las experiencias diarias para progresar.

Pienso que si se combinas la experiencia de la carrera y de la vida diaria con la práctica meditativa y el estudio con un maestro iluminado, aunque es más difícil inicialmente que entrar en el entorno protector del monasterio, progresaras más rápidamente. Y luego, más tarde en la vida, cuando hayas aprendido a tratar con el mundo y a equilibrar los asuntos más complicados de la vida en el mundo físico y lo que te puede ocurrir para sacudirte cuando estas fuera del monasterio;

cuando hayas tomado el ritmo de todo eso, pienso que progresaras más rápidamente, y que la segunda parte de tu encarnación será más suave, esa es la carrera hacia abajo. Porque si evitas eso, que es lo que a veces se hace en un monasterio, creo que aunque aprendas ciertas cosas en un ambiente controlado, cuando estas fuera del mismo y te hayas acostumbrado a él, puede resultar debilitante hasta cierto grado.

No hay nada malo en vivir en un monasterio. Yo lo he hecho muchas veces, durante muchas vidas he enseñado en ellos. No me malinterpretes. Creo que puedes hacer un mejor trabajo fuera del monasterio si tienes los elementos necesarios. Y realmente pienso que la ciencia de la computación es uno de esos elementos. No puedo ver una forma mejor de practicar si no vivimos en un monasterio, porque la sola práctica del arte en sí mismo, de la ciencia de la computación, te hace avanzar, te hace avanzar la mente en paralelo con la meditación. Es una forma muy poderosa, muy potente, de liberarte materialmente y avanzar espiritualmente.

Por lo tanto, la carrera es yoga. La carrera es práctica budista. No puedo pensar en algo que lo sea más, porque es lo que haces con tu vida, y si haces de eso algo espiritual, lo que nos da energía e iluminación, entonces la iluminación no puede estar muy, muy lejos ¿No es así? La carrera es uno de los senderos hacia la iluminación. Vuelvo decir que recomiendo la ciencia de la computación como la forma definitiva de carrera, por las razones que ya he discutido.

10. Milagros

Milagros. Me gustan los milagros. Me inspiran. Los milagros te hacen creer, hacen que tengas fe en lo que no se ve, que veas más las cosas, más profundamente. Me gustan los milagros. Los milagros son lo divertido de la iluminación. Cuando un maestro —un maestro iluminado— hace un milagro y todo el mundo lo ve, se asombran. Súbitamente tienen fe en lo que el maestro tiene que decir acerca del descubrimiento personal, la espiritualidad y la iluminación.

Si ves a un maestro de artes marciales en su uniforme, en su gi, o con su cinturón negro; si lo ves rompiendo un ladrillo o varios bloques de cemento con sus manos y pateando tablas y otras cosas, te impresiona mucho. Si estás buscando un maestro de artes marciales lo tomaras en serio porque esto no es algo fácil de hacer. Ahora bien, romper ladrillos y tablas no es necesariamente el propósito de las artes marciales y no tiene necesariamente nada que ver con la forma de pelear. Pero ello tiene un propósito en el entrenamiento, y por supuesto, para el estudiante. El estudiante ve que el maestro hace esto y dice, "¡Esto es increíble! ¡Esta es una persona poderosa! ¡Sólo una persona especial puede hacer esto!".

Por lo tanto, los milagros tienen un propósito. Ayudan a que la gente crea en la iluminación. La iluminación es algo de lo que no estamos conscientes en el principio, e incluso a veces, en las etapas intermedias del descubrimiento personal. Tu no estas consciente de eso. No lo ves. Es algo de lo que no estás muy consciente. Al principio la iluminación parece ser sutil. Está fuera de tu campo de visión. Si estas meditando, y practicando todos los días, no necesariamente ves los cambios que están ocurriendo en tu vida porque estas muy cerca de ellos. No recuerdas lo limitado que estaba tu campo de conciencia hace seis meses o hace un año, y no digamos nada de ayer, o antes de la meditación de esta mañana. El verdadero milagro es obviamente la transformación de la conciencia, de la limitación y el dolor hacia la iluminación y el éxtasis.

Pero para lograr una apreciación, una creencia, para inspirar la práctica, los maestros a veces hacen milagros —o a veces simplemente disfrutan haciéndolos. Un milagro, un poder siddha, es parte y parcela del infinito. Supongo que pudieras usarlo de manera egoísta para exhibirte, pero un iluminado no haría eso. Simplemente lo disfruta. Es un juego inocente. Un iluminado carece de autoconciencia en el sentido de que su ego no evalúa lo que hace. Sencillamente hace cosas porque son divertidas, porque son hermosas o porque es así como la vida fluye a través de él.

Cuando ves un milagro te da inspiración. Los milagros te hacen creer. Cuando un maestro hace un milagro dices entonces, "Bien, si puede hacer eso, debe ser extraordinariamente poderoso y puede que haya algo de cierto en lo que está diciendo acerca del descubrimiento personal y la meditación. Puede ser que valga la pena practicar."

Algunas personas no necesitan milagros. Sólo creen. O su vida es dolorosa, sólo quieren un cambio y están dispuestos a intentar algo —a probar la meditación y la introspección— después de que han probado muchas otras cosas. Algunos son atraídos sin una razón especial. Tal vez se trata sólo de sus vidas pasadas. Y esto los inspira —su karma los induce a seguir el sendero de la iluminación. Pero para muchos los milagros son importantes. Son una parte importante del descubrimiento personal, y algunos maestros hacen milagros para inspirar a las personas. Otros los hacen simplemente porque son parte de su trabajo.

Debo señalar ahora que, desde el punto de vista de un maestro iluminado, no hay realmente milagros, el único milagro es la vida misma. El uso de los poderes, de los poderes siddha, es en realidad una aplicación científica de la energía oculta, a través del cuerpo oculto, para hacer algo específico.

Si visitaras una tribu rudimentaria que no ha visto nunca la tecnología moderna, y sacas un pequeño encendedor de gas butano y lo prendes, posiblemente se asombrarían. Pensarían que has realizado un milagro. De alguna manera, con sólo mover un dedo, has hecho que brote una llama del pequeño aparato. Tú sabes que no es un milagro. Es sólo un encendedor. Sabes cómo trabaja. Tiene gas, salta una chispa y el gas se enciende y se quema. El gas está almacenado en un pequeño receptáculo.

A eso se parecen los poderes siddha. Son sólo una aplicación inteligente de la energía. Es como utilizar un encendedor. Es como cualquier cosa tecnológica. No es gran cosa. Sólo son impresionantes para quien no entiende lo que son. Algunos de los poderes siddha más comunes son, por supuesto, la curación física, curar a alguien de una enfermedad o dolencia que padece, o traerlo del borde de la muerte a la vida sólo con la pura energía, con el puro poder; obviamente la transmisión de poder y la transformación de la conciencia. Desde luego, hay otros siddhas de los que habrás escuchado — la levitación es uno de ellos. Está el siddha del tumo, que es la habilidad de crear un gran calor, de manera que no sientas frío en un ambiente frígido, lo cual es muy útil en las cuevas de Tíbet. Hay muchos siddhas diferentes. Puedes leer sobre ellos en libros místicos.

Personalmente creo que el milagro más convincente es el milagro de la luz que se ve alrededor de alguien que es un iluminado. Cuando visitas a un maestro iluminado y tienes la oportunidad de meditar con él, y él permanece sentado meditando por un cierto tiempo, debes cerrar los ojos y meditar con él, pero de vez en cuando puedes abrir los ojos y observarlo. Observa el campo de energía que rodea su cuerpo.

Si él es iluminado —y tú no estás bloqueado psíquicamente por completo— podrás ver varias emanaciones y diferentes efectos de luz que resultan muy hermosos. Podrás ver una luz dorada y difusa alrededor de él. Podrás ver como una clase de negativo fotográfico en el que todo aparece en reverso. Podrás ver que se disuelve en luz. La luz se hace tan densa que incluso no puedes verlo. No podrás distinguir su cuerpo. Algunas veces puede verse a través de él y ver lo que está detrás. Todo depende del estado de atención en que se encuentren.

Pero a medida que observas a un maestro iluminado verás esa luz al cabo de cierto tiempo. En ocasiones, algunos vienen a ver un maestro iluminado y no ven la luz del todo.

Simplemente están bloqueados. Su mente está tan atrapada por el mundo de los sentidos y del pensamiento que sencillamente no pueden dejarlos y permitir que sus ojos ocultos vean. Entonces necesitan practicar la meditación por un tiempo. Pero la mayoría de las personas pueden ver la luz aun desde la primera vez. A veces resulta divertido. Ni siquiera saben lo que están viendo. Es tan natural que no les parece nada insólito. Pues bien, les contaré una historia.

Cuando medito, la gente ve manifestaciones de luz en el momento en que entro en samadhi y a través de los samadhis. Y algunas veces, mientras medito, si estoy haciendo una meditación pública, la energía de la iluminación es muy clara —muy elevada y muy bella. Es tan clara que la gente no se da cuenta de que su nivel de atención se ha elevado. Cuando estamos en contacto con alguien completamente iluminado, la energía es tan perfecta, por decirlo así, y es tan brillante, que realmente no sabemos que está ahí.

Tuve una vez un maestro de judo, cinturón negro de quinto grado, que nos estaba contando historias de cinturones negros famosos. Nos dijo que si tuviéramos la oportunidad de trabajar con un maestro de cinturón negro de sexto grado y de ser derribados por él… Inmediatamente me llené de terror (Rama ríe). Era muy joven entonces y dije, "¿No sería mejor ser derribado por un maestro de primer grado y no por uno de sexto grado?" Supuse que el maestro de sexto grado barrería el piso conmigo mientras que podría lidiar más fácilmente con el de primer grado.

El maestro respondió, "No, no, no. Si uno es nuevo es mejor ser derribado por el cinturón negro de sexto grado y no por el de primer grado. El de primer grado es todavía nuevo en el mundo de las artes marciales y cuando derriba a alguien lo puede herir. No puede ver que se trata de un principiante. No tiene completo control todavía. Puede ser que sepa que está con un principiante, pero no tiene control suficiente para hacerlo caer correctamente, compensando por su falta de conocimiento. Por otra parte, un cinturón negro de sexto grado es tan bueno en lo que hace que lo pondrá en el suelo perfectamente sin lastimarlo y podrá compensar su falta de conocimiento".

Esto mismo es cierto con los maestros y los milagros. Hay maestros que sólo hacen milagros. Pueden manifestar cosas del otro mundo en este mundo. No son necesariamente iluminados. Tienen poderes siddha e incluso pueden ser espirituales. Pero la energía alrededor de ellos, si somos conocedores de los campos de energía, es un tanto áspera. Tiene una intensidad que no es completamente pura. Si eres alguien verdaderamente iluminado, un ser completamente iluminado —un jivanmukta o alma liberada— la calidad de la luz es tan clara, tan perfecta, que no sabrás que está ahí sino hasta más tarde.

En otras palabras, cuando estas con ellos su campo de energía te eleva, y no te das cuenta que has sido elevado a estados de atención alterados, a estados de conciencia superiores, hasta cuando desciendas después. Su energía es tan limpia, pura y natural, y ellos son tan buenos en lo que hacen, que te llevan a estados elevados de conciencia sin hacerte daño. Es tan sutil, que no te das cuenta de que has llegado a un elevado estado de conciencia hasta que desciendes de ese estado de atención y súbitamente te das cuenta de lo alto que estabas.

Una vez estaba dando una plática en UCLA —hace muchos años y estaba meditando en compañía de un gran grupo, que habían venido a meditar con Rama. Me distingo por los colores, luces brillantes y efectos especiales. Generalmente aparece una gran cantidad de energía alrededor mío cuando medito. Estaba ahí y para mí fue muy placentero porque tuve la oportunidad de mezclarme con la gente después de la meditación. Hice la meditación y di una plática acerca de la iluminación y el budismo. Después todos salían y en ocasiones me gusta caminar con la gente. Me gusta ser parte de la audiencia, en vez de parecer retraído o esconderme detrás del telón u otra cosa. Algunas veces me gusta ser reservado. Pero ese día en particular me sentí inclinado a caminar con el grupo.

Terminé caminando detrás de dos mujeres que sostenían una conversación. Fue interesante porque estaban hablando de lo que habían visto. Una de ellas le decía a la otra, "¿Notaste cuando estaba rodeado de una luz roja?" La otra respondió, "Sí, vi la luz roja. Sí la vi". Luego la otra dijo, "Si, y luego apareció una luz dorada, y después él desapareció por un momento y no pude ver nada. El cuarto se volvió dorado". "Sí, yo también vi eso," dijo la otra. "¿Y viste cuando todo apareció como en reverso? Todo estaba como asoleado". Y la otra mujer respondió, "Sí, lo vi". Y así, siguieron conversando sobre lo que habían visto. Después de esta conversación se preguntaron, "Bien, ¿qué vamos a hacer mañana por la noche? Mañana por la noche vayamos a la ópera".

Estaba oyéndolas conversar y fue interesante porque estaban tan elevadas que no tenían idea de lo que decían. Las cosas que describían podríamos clasificarlas como milagros. Ver a alguien manifestar todas las luces astrales, estar rodeado de luz, emanar luz del cuerpo en ondas pulsantes de energía dorada, de manera que no pueda verse nada más en el cuarto, podemos considerarlo como un milagro. Ese es el milagro de la iluminación. Y estas mujeres estaban tan elevadas que hablaban de ello como si fuera una experiencia ordinaria, una experiencia cotidiana. No se daban cuenta de lo que decían porque la energía de la iluminación había elevado su campo de atención tan alto que estaban en un mundo en el cual esto es normal, en donde los milagros son la norma.

Ese es el mundo en el que yo vivo. Vivo en un mundo en donde no hay nada más que lo milagroso. No hay nada más que luz continua, perfección continua. Ese es el mundo de la iluminación. Todo es sutil. Todo tiene un millón de aspectos. Todo es una manifestación de Dios. Todo es luz. Todos los seres son infinitos. Todas las cosas son perfectas, a su manera. Este es el milagro más grande: ver las cosas a la luz de la eternidad.

El milagro más grande es el silencio. Cuando todo está silencioso, cuando nuestra mente se aquieta en la meditación —sea por ti mismo o con la ayuda de un maestro— el mundo se detiene. El tiempo se detiene. La vida como la conocemos se detiene y luego sucede algo. Tenemos una sensación, un anhelo que sobrecoge el espíritu. Sentimos la eternidad. De pronto se desvanece el mundo de las ocupaciones y los tiempos y los lugares y los espacios, el mundo de las personas, de lo que vamos a hacer mañana y lo que estamos haciendo hoy o lo que hicimos ayer, nuestros planes, sueños y proyectos.

Y sentimos nuestra eternalidad o sentimos la eternalidad. Sentimos la infinitud del ser. Y hay un anhelo. Es familiar. De repente este mundo, que ha tomado tanto significado, en verdad no importa. De pronto es sólo un recuerdo. Se olvida. El espíritu anhela o desea vehementemente el mundo de luz de donde vino. Quiere regresar. Hay un hermoso anhelo y entonces ese anhelo es satisfecho por un baño de luz. El anhelo hace que ocurra algo. Hace que el ser crezca en la luz. En otras palabras, el milagro más grande es el proceso metafísico.

Sí, los poderes siddha existen. Sí, puedes curar, transformar la atención —puedes hacer muchas cosas diferentes. Pero estos poderes son sólo para inspirar. Puedes inundar con luz el cielo nocturno, de modo que ni siquiera puedas ver las estrellas. Hay muchas cosas que puedes hacer con los poderes siddha: abrir los planos dimensionales, manifestar fuerzas y seres; toda clase de cosas. Pero el milagro más grande es la luz, el hecho de que la luz viene hacia ti cuando la anhelas. El espíritu va hacia la luz —es luz. Viene aquí por un momento. Esto me recuerda ese poema de Andrew Marvell, *"En una gota de rocío"*, en el cual compara el espíritu con una pequeña gota de rocío; que cuando el sol la baña, se estremece y luego se evapora y regresa al aire, al éter.

Así, nuestro espíritu viaja, anda libremente. Y lo milagroso es el mundo de la iluminación. La mayoría de los individuos no viven en ese mundo. El mundo les parece sólido. Es físico. Está lleno de su dolor, sus deseos, sus éxtasis privados, sus expectativas; lleno de todo esto. Ellos son el mundo. Ellos son el universo y nada brilla en ese mundo. Todo es sólido. Las satisfacciones son principalmente físicas —son básicas. Nada brilla.

Pero cuando tu conciencia se expande, cuando entras en el mundo de la iluminación, literalmente estas en un mundo de luz. No tienes que ser iluminado para tener esa experiencia; sólo tienes que empezar el viaje interior. Vivimos en un mundo de luz donde nada es sólido. Viajamos haciendo lo que necesitamos hacer cada día, a través de los quehaceres de la vida diaria, pero nuestro campo de atención es luminoso y se mueve de una dimensión a otra, de acá para allá, de la mortalidad a la inmortalidad. Ese es el milagro de la iluminación, de la mente iluminada.

De lo contrario, estas atrapado en una casa vacía, en una caja, en un lugar que no es feliz. Estas atrapado dentro de ti mismo. Y a dondequiera que vayas ahí estas. Esa es la regla. Adondequiera que viajes ahí estarás en una forma u otra. Si eres celoso en un ambiente, lo serás en otro. Si eres infeliz aquí, probablemente serás infeliz allá. Llevas tu equipaje interno a dondequiera que vayas.

El milagro de la iluminación es que dejas tu equipaje; dejas el yo. Tomas el yo y dejas que se disuelva en la luz blanca de la eternidad. Y luego vives en esa luz. A medida que disminuyes el ego y dejas que el yo se disuelva un poco más cada día, vives en un estado de mayor luz, y la luminiscencia de esa luz es realidad.

La realidad no es este mundo. No es el mundo como lo percibes. Es el mundo, pero la realidad es el mundo como lo percibes por medio de la iluminación. Es el mismo mundo pero a la vez no lo es. Cuando estas en un estado de luz, todo es extático, todo es alegre, todo es hermoso. Tu campo de atención es sutil. No asumes mucha importancia, o ninguna. El ego está callado. La mente está calmada. El corazón está feliz y vas por encima de todo esto hacia los campos de luz.

En este mundo, en el mundo de la solidez, hay experiencias. Quiero decir, reconozcamos que para la mayoría la vida es una pesadilla. Tal vez tú tienes una buena vida, pero la mayoría en esta tierra no la tiene. Viven en dolor, agarrando lo que pueden para obtener placer. A medida que envejecen desesperan. El cuerpo que les daba placer ahora les causa dolor. La vida que les daba placer se vuelve amarga. Para la mayoría, las cosas no resultan como las habían planeado.

Pero si meditas, entonces el milagro real es la transformación de nuestro campo de conciencia más allá del cuerpo. Más allá del cuerpo hay luz, luz infinita e iluminación —océanos de luz, continentes de luz, universos de luz. Y puedes experimentar esas realidades de luz perfecta. Ellas te liberan de las limitaciones de este mundo, de la fealdad, de la infelicidad de la percepción limitada. Ese es el milagro más grande.

Yo enseñaba inglés como segundo idioma. Daba clases de verano en un colegio de Nueva York. Básicamente le enseñaba a un grupo de jóvenes cómo leer, pero su primer idioma no era el inglés sino el español. Fue fascinante observar cómo, de un momento a otro, pudieron leer con éxito el inglés, lo que significaba que podían llenar una solicitud de trabajo, transitar, e ir por todas partes sin sentirse avergonzados en esta cultura foránea. De pronto ya no era tan extraña. Al inicio del verano no podían leer o escribir bien el inglés, pero al final ya podían. Ver este proceso de transformación fue muy emocionante. Poder participar en él fue muy conmovedor. Y produce la misma sensación de lo milagroso.

En otras palabras, creo que lo más maravilloso es aprender. Por eso soy maestro. Por eso fui profesor de inglés. Es por eso que soy maestro de iluminación. Por eso también soy maestro de artes marciales, de ciencia de la computación y de unas pocas cosas más. Porque cuando enseño, si soy buen maestro, me quito de en medio y dejo que los estudiantes aprendan. Sólo debes guiarlos hacia lo que necesitan saber. Luego observamos que ocurre esta asombrosa, asombrosa cosa. Observas cómo cambia una vida, cómo crece un campo de conciencia. Que no tenemos que permanecer como somos, que podemos mejorar nuestra condición increíblemente, aun en el mundo físico, en términos de conocimiento.

Observar a un cachorro que se convierte en perro, o a un niño en adulto, es asombroso. Ver que alguien va de las limitaciones del plano físico, donde su conciencia está circunscrita a los sentidos y pensamientos y a un sentido muy solidificado del yo y la identidad, y luego verlo meditar, crecer y desarrollarse y volverse menos físico —ver que la luz entra en su vida, ver que la pesadez de su cara se aligera con el tiempo, verlo sonreír, ver el radiante fulgor de la luz interna en sus ojos, ver cómo adquiere ese conocimiento silencioso que viene con el estudio interior— es eso, desde mi punto de vista, el milagro más grande. Por eso soy maestro.

Soy maestro porque enseñar me permite observar cómo trabaja el universo. Me gusta ese cambio, ese momento en que súbitamente ocurre el despertar, cuando algo imposible se vuelve posible. Cuando el universo se le revela a alguien que creía conocer la vida y de pronto se da cuenta de que solamente está en el principio —que los mundos de luz, los planos de luz, continúan por siempre— que las experiencias y universos del éxtasis de la inteligencia son perpetuos.

Me gusta lo milagroso. Me inspira. Y elegí enseñar porque me pone más en contacto con ello. En otras palabras, como a todo el mundo, me gusta un buen milagro. Me hace continuar. Los milagros que veo son el crecimiento y desarrollo de mis estudiantes, o de los estudiantes de otros maestros. Gozo con esto. Me refresca y me renueva y mantiene muy fuerte en mí la fe en lo que no puede ser visto.

El milagro más grande es el milagro del despertar, despertar del sueño de la vida y ver el infinito en todas partes, incluso en lo finito, en este mundo, en las cosas simples de la vida —poder manejar un auto, o cortar el pasto, o lavar tu ropa, ir a correr, ir de compras, tomar una ducha— pero realizar estas actividades mientras estas en un campo de luz, y verlas como modelos de todos los universos, de todas las realidades. Estar en miles de estados mentales simultáneamente mientras realizas sencillas actividades físicas, te produce reverencia por la vida. Te das cuenta de que no hay nada que no sea perfecto. No hay nada que no sea milagroso. Lo más simple es un milagro si verdaderamente lo ves, porque cada una de estas manifestaciones exteriores de vida son Dios —esta es la verdad fundamental.

El budismo te conduce a este entendimiento. El budismo te conduce a la conciencia de que todas las cosas son sagradas, no sólo quienes meditan o alcanzan la iluminación. Eso sería solo un entendimiento parcial. El milagro real de la vida es que todo es sagrado. Incluso aquellos que hacen lo opuesto a lo que consideraríamos espiritual son igualmente milagrosos. En otras palabras, lo oscuro tiene su propia luz.

Al principio definimos lo que es espiritual y lo que no lo es, qué es práctica y qué no lo es. Pero a medida que avanzas te vas dando cuenta de que toda la gente y todas las cosas son un instrumento del infinito. Ves lo milagroso en todas las cosas. Ese es el milagro más grande, por supuesto; que todo —no solamente las categorías que establecemos, sino todas las cosas— son sagradas. Todas las cosas son divinas. Y sin embargo, tomamos y seleccionamos las que son apropiadas para nosotros.

Por lo tanto, existen los milagros, y nos dan inspiración. Hay milagros de luz. Hay milagros de poder —la habilidad de cambiar cosas, de afectarlas, de ver y conocer cosas sin estar físicamente presentes. Existen toda clase de siddhas. Puedes leer acerca de ellas en un libro. Pero el milagro más grande es tu propio viaje hacia la luz. Y si eres lo suficientemente afortunado obtendrás en esta vida conciencia para ver que todo resplandece, que todas las cosas realmente están hechas de luz.

Esta solidez no es verdadera. La solidez aparente es una ilusión de los sentidos y del yo. Todo está hecho de luz infinita e inteligente. Y si pudieras ver hacia dentro de algo podrías seguir esa luz hasta su origen, que está en todas partes y en ninguna, que es nirvana, que es iluminación.

Meditación intermedia

Nos encontramos en el mundo. Nacemos aquí. No sabemos por qué. Miramos alrededor y vemos vida. La sentimos. Algunas veces nos causa dolor. Otras veces es placentera. En ocasiones es aburrida y otras veces emocionante. A veces es atemorizadora y otras hermosa más allá de toda comprensión.

Nuestros cuerpos crecen y se desarrollan. Nuestra mente se desarrolla. Tenemos experiencias. Y luego algo más les ocurre a ciertas personas y empiezan a desarrollarse espiritualmente. Al principio es un dolor, un anhelo, una sensación de otro tiempo, otro lugar, otra condición. Queremos más. O menos.

Podemos sentir la tierra en un día soleado, sentir el calor en un día lluvioso, la humedad, el viento. En la ciudad escuchamos el tráfico, los ruidos; en el campo los sonidos del bosque. Podemos hacer el amor, hacer dinero, ir a trabajar, sentir fatiga, estar emocionados. Estas son cosas que hace la gente. Un día se disuelve en el siguiente. Todo lo que queda son memorias de los días que han transcurrido y anticipación de los días que todavía no han venido.

Todo lo que verdaderamente existe es este momento. El momento que estamos experimentando ahora.

El yoga es una ciencia. Es la ciencia de la conciencia. Sugiere que hay más, o menos; que fuera de lo que experimentas hay otros reinos, otras dimensiones que continúan por siempre. Sólo que están más allá de los portales de tu visión. Hay dimensiones de luz, luz perfecta, al otro lado de la experiencia sensorial y de la experiencia mental. Hay dimensiones de éxtasis, mundos en donde el tiempo no existe, y el nirvana, el nexo central de donde viene todo esto, el creador, la iluminación.

Meditar es viajar. Es un viaje. Es un proceso por medio del cual vamos de aquí para allá con nuestra mente. Vemos que la mente es infinita. No está relegada al cerebro o al pensamiento o la emoción. Está compuesta de una serie interminable de realidades que se extienden hasta el infinito. Tú puedes llegar a conocer estas realidades. Puedes experimentarlas directamente por ti mismo. Esta es la esencia del budismo. Este proceso es el de obtener conocimiento del ser, de la conciencia de la vida o de sus muchas conciencias.

Soy maestro de meditación. He estado enseñando meditación por algún tiempo —durante muchas, muchas vidas. Pero también soy estudiante de meditación. Siempre hay algo nuevo que aprender. Y he observado algo muy interesante —que mucha gente que medita no medita. Creen que están meditando, pero realmente no lo están.

Al principio la meditación es concentración. Es un enfoque. Luego, en la etapa intermedia, es una apertura, una profundización de nuestra conciencia, pero con un enfoque hacia los planos de luz. En la meditación intermedia tocas la luz más profundamente que en la meditación básica. En la meditación avanzada te conviertes en luz. Trasciendes el ser, el ego, el tiempo, el espacio y la dimensionalidad. Te unes con la luz clara de la realidad, entras en samadhi y vas más allá de este mundo.

Vas más allá de tus ideas, sentimientos, necesidades, deseos, amores y odios, de sentirte bien o mal, y te conviertes en Dios. Te conviertes en nirvana. Alcanzas la iluminación por un momento, por un momento intemporal. Te fundes en el éxtasis de la luz clara de la realidad. Y esto te cambia. Te rehace. Te reforma. Te transforma y luego eres eso.

Tú conciencia retorna al mundo más brillante, diferente, menos sólida. Y repitiendo este proceso sin fin durante muchos años y muchas vidas culminará en la experiencia de la iluminación, en la que siempre estarás en un estado de luz, en una condición de conciencia ilimitada que continúa por siempre. Como Bilbo nos cuenta su historia en *"El hobbit"*, en su canción dice, "el camino continúa por siempre". Esas son las buenas noticias. No hay fin en la iluminación. No hay fin en la encarnación. No hay fin en lo infinito.

Y también está el mundo del dolor y el desaliento y la frustración en el que vive la mayoría de la gente, en el cual ven envejecer su cuerpo y desvanecer sus esperanzas y ven destruidas sus creencias y su amor. Hay momentos. Buenos momentos. Pero hay muchos momentos malos si somos realistas, acerca de lo que es la vida humana para la mayoría de la gente.

Así, la gente que medita busca por siempre buenos momentos. Saben que hay otros mundos más allá de este mundo. Lo sienten. Es verdad. No es imaginación, porque es algo que puedes experimentar directamente cada vez que te sientas a meditar. Yo experimento esos mundos cuando medito y le enseño a los demás a experimentarlos. Pero como he dicho anteriormente —es asombroso— he observado que muchas personas que dicen meditar no lo hacen. Se sientan y se ocupan en alguna clase de práctica de concentración, pero no es lo que yo llamaría meditación pues están permitiendo que permanezcan muchas impresiones en su mente. Por lo tanto, nuestro tema es la meditación intermedia.

En la meditación básica, aprendes a concentrarte en tres chakras —la chakra del ombligo, la del pecho y el tercer ojo, localizada un poco más arriba del entrecejo— Estas son las principales puertas que le dan entrada a los tres meridianos primarios de poder, balance y sabiduría. Aprendes a sentarte por 15 minutos, media hora o 45 minutos, tal vez una hora, y te concentras por turnos en las tres chakras. Si son estudiantes míos, por supuesto meditan con música que he compuesto y que es interpretada por algunos de mis estudiantes de nuestro grupo musical Zazen. Es música que viene de dimensiones superiores, extremadamente pura; y si te concentras en ella durante la meditación, hará que se aquiete tu mente. La música te asegura que tocaras mundos de luz y resplandor, que iras en la dirección correcta y no en la incorrecta. También actúa como un bloqueo áurico —por la energía que contiene— que cierra el paso a los billones y billones de auras de la gente que vive en este planeta, de modo que puedas sentarte dentro de tu propia aura, dirigir tu mente al infinito, trasladarte de este mundo al infinito, experimentar el éxtasis del infinito y regresar de tu viaje mejor, más consciente, alegre, sabio, y espero que más humilde.

Esa es la meditación como he llegado a conocerla, como me fue enseñada por mis maestros durante muchas, muchas vidas, y como yo la enseño. Es siempre la misma, aunque es siempre nueva. Pero el proceso implica detener el pensamiento —primero haciéndolo más lento, desconectándote de él; pero con el tiempo deteniéndolo para dirigirte hacia la luz.

Esta es la clave —dirigirse hacia la luz, no hacia otras personas, no hacia lugares o cosas, sólo hacia la luz. Entonces, ¿qué es la luz? ¿Cuál es esa luz de la que hablo? Luz es conciencia —conciencia sin modificaciones mentales. Si puedes detener tus pensamientos y no permitir nada más en la mente, experimentaras la luz. Si detienes tus pensamientos por sólo cinco minutos, experimentaras una luz muy profunda. Esa luz está al otro lado de las percepciones sensoriales —ver, gustar, oler, tocar, sentir. Al otro lado de las percepciones sensoriales hay una luz hermosa y perfecta, muy cerca de nosotros. Siempre está a nuestro alrededor, aunque permanecemos relativamente inconscientes de ella porque estamos distraídos por las imágenes de la vida y del mundo de lo físico.

No hay nada malo con el mundo físico. No hay nada malo con la existencia. Es perfecta. Pero es terriblemente transitoria. Tu cuerpo, tus células, tus anhelos, tus necesidades, son extremadamente transitorias. Estas cosas no duran mucho y frecuentemente dejan un gran dolor y frustración a su paso.

La alternativa es la iluminación —entrar en una condición de luz perfecta, tener completa paz y quietud en tu mente, sin frustrarte cuando las cosas no suceden como esperabas; ir en una dirección diferente que la de la gente de este mundo. Los individuos de este mundo, ¿quién sabe hacia dónde van? Todos los días van a un lugar diferente.

Los veo manejando autos a lo largo de las calles. No sé a dónde piensan que van. Todos van hacia la funeraria local, eso es todo. Entre donde están hoy y la funeraria van a tener experiencias que van a ser olvidadas rápidamente. Me encanta esto. Hay un aviso de la funeraria local, cerca de donde vivo —con seguridad ustedes han visto algo similar en la carretera.

Tiene el nombre de la funeraria y luego en letras grandes dice, "¡Vaya más despacio! ¡Goce la vida!". En realidad, esta es la esencia de todo. Luego dice, ustedes saben, funeraria local.

Eso es todo, ¿cierto? Ve más despacio. Disfruta la vida. Relájate. Es muy difícil ir más despacio si tu mente va a millones de millas por segundo. Es difícil ir más lento si piensas que lo que lo que hace la gente es importante. Es claro que necesitas una forma de gobierno, un lugar donde vivir, algo de comer, algún entretenimiento. Pero ¿qué más necesitamos? Lo que esta gente está haciendo aquí obviamente no funciona. Son infelices. Se sientan en el tráfico hora tras hora, o hacen de la tierra un botadero de basura tóxico. Tienen muchas teorías, libros, ciencias. Yo también he leído muchos de esos libros y la mayoría son libros con mucha infelicidad.

Hay una alternativa. Es una alternativa antigua. No es para todo el mundo. Es sólo para gente inteligente. Es para un mercado limitado. Es la iluminación: tomar conciencia de que hay algo más en la vida que la televisión; expandir tu mente y tocar el infinito, sentir la eternidad a tu alrededor. No como una idea o una esmerada intelectualización, sino sintiéndola realmente; no a la manera de un fanático religioso apegado a una extraña idea de salvación excluyendo el sentido común. No es de esto de lo que estoy hablando.

La experiencia religiosa real es la experiencia de la vida, pero experimentando la vida no como una ideación, no como un manojo de pensamientos que azotan tu cabeza y emociones explosivas fuera de control, deseos interminables e irreales, frustraciones que no importan. Si realmente llegamos a lo que importa, ¿cuál es el propósito de la vida? Ser feliz. ¿Qué más puede ser? Y la felicidad no viene de otras personas. No viene de algún lugar. No viene de las cosas. Está en el interior de tu mente. Toda felicidad está dentro de tu mente. Lo probable es que todavía no hayas descubierto esto. Esa es una frase interesante, pero lo más probable es que no lo hayas experimentado.

De este modo, la meditación intermedia es experimentar la felicidad que está dentro de tu mente. Si estas sentado practicando la meditación diariamente y no

153

experimentas más felicidad cada día, entonces ciertamente no estas meditando.

No es muy difícil ser feliz. No es difícil experimentar esa felicidad, pero debes meditar correctamente. Como lo he dicho antes, observo mucha gente que dice que medita, pero estoy seguro de que no los veo meditar. Se sientan y psíquicamente se ponen en contacto con mucha gente, lugares y cosas, pero en realidad no meditan.

Para entender lo que estoy diciendo, consideremos lo que es la meditación y lo que no es. Cuando te sientas a meditar te vuelves muy psíquico. Te enfocas en el centro del ombligo, el centro del pecho, el tercer ojo, o algo así. Tal vez escuchas música. O pudo estar practicando un tipo de meditación diferente, otro tipo que otro maestro puede haberte enseñado —enfocado en la respiración y la postura; puedes, tener los ojos abiertos, enfocados en una yantra.

Quiero decir, que hay diferentes maneras de meditar. Todas llevan al mismo lugar. Todas son formas de concentrar tu atención, retirándola de los sentidos, de modo que en vez de ver con tus ojos físicos o por medio de otros sentidos, estas llevando la conciencia a un lugar y luego la diriges hacia la luz ilimitada, hacia los planos de luz. Hay otros planos, planos que no son de luz, planos sombríos. Pero ese no es nuestro interés en la meditación. Queremos iluminación. Queremos éxtasis, iluminación más allá de toda comprensión, unirnos con el éxtasis de la vida e ir a la quietud y disolver el ego; ser la totalidad, ser todas las cosas. No sólo obtener poder sobre las cosas —cuán infantil es eso. Si te preocupas por las cosas, esto significa que ellas tienen poder sobre ti.

No simplemente estar en paz, sino ser un brillante campo de luz —luz inteligente e interminable— eso que constituye el universo. Eso es lo que somos. Pero tienes que llegar a esa parte más profunda de ti, a esa parte más profunda de la vida. La mente debe estar en calma y quieta como un lago sin ondulaciones y luego debe dirigirse al cielo, a la iluminación, al infinito, a esa infinidad del ser que se expande interminablemente en todas direcciones por siempre.

Así pues, la meditación intermedia, como yo la enseño, consiste en sentarse, enfocarse en una chakra, digamos en una sesión de una hora: 20 minutos concentrándose en el centro del ombligo, 20 minutos en el centro del pecho y 20 minutos en el tercer ojo. Sólo 60 minutos, pero cada uno de esos 60 minutos dividido en tres unidades de 20 minutos debe ser dirigido hacia la luz. Porque cuando meditas, y especialmente cuando lo has estado haciendo por un tiempo, tu meditación es un período muy potente. Muy potente. Y estas es un estado muy psíquico. Cuando el pensamiento se aquieta, cuando te enfocas en estas chakras, te vuelves muy psíquico. Es muy importante durante este período de tiempo, de un minuto al otro, no dejar que tu atención, tu mente, vague hacia otra cosa que no sean las cuatro áreas de enfoque principales.

Puedes enfocarte en una chakra excluyendo todo lo demás. Puedes concentrarte en tu maestro excluyendo todo lo demás, si es un maestro iluminado. Puedes enfocarte en la música, si escuchas música iluminada, excluyendo todo lo demás; o puedes enfocarte en la luz excluyendo todo lo demás.

Entonces permíteme darte aquí un pequeño ejemplo de lo que quiero decir. Si te sientas a meditar, digamos que la primera de las tres partes de la meditación la vas a pasar enfocándote en el área del ombligo, el centro del poder, para generar poder puro. En la segunda sección vas a elevar la atención al centro del pecho, concentrándote ahí, y ese poder puro se transmutará en amor, en un éxtasis de unidad. Y luego subimos al tercer ojo, y cuando el poder ha sido transmutado, lo elevamos aún más en la escala de las chakras, hacia la sabiduría, el conocimiento, entrando en una pura y perfecta visión de mundos de luz y experiencia. Ese es nuestro plan.

Empecemos entonces en el centro del ombligo. Tienes 20 minutos, o 15 o 10 si estas meditando por 30 minutos o 45 minutos, pero digamos que estas practicando por una hora. Permanece ahí por 20 minutos en el mundo del poder. Ahora, durante 20 minutos, debes mantener tu mente en la luz. Si tu mente no está enfocada en la luz, entonces en lo que se enfoque, al estar en un estado altamente psíquico, tu mente atraerá esto a través de tu aura de una forman en la que normalmente casi nada pasaría por tu aura.

Normalmente tu aura es como el sistema inmunológico. Mantiene las cosas fuera. Pero en la meditación, ese sistema inmunológico se remueve conscientemente. Queremos removerlo. Porque no sólo bloquea las cosas negativas, sino que también bloquea las positivas. Entonces, conscientemente vamos a ponerlo a un lado durante un período de tiempo y luego, por supuesto, durante ese período, vamos a enfocarnos completamente en la luz, la refulgencia, la unidad espiritual, Dios, el infinito, la eternidad. Haciendo esto vamos a traer eso a nuestra aura. Vamos a tocarlo psíquicamente, y a su vez ello nos va a tocar. Nos vamos a fusionar con eso. Tenemos que apartar nuestra aura protectora por cierto tiempo para hacer esto. Luego, al final de la meditación, el aura protectora estará aún más fuerte porque la hemos energizado, y bloqueará todo lo que es negativo. Y nos habremos llenado de tanta luz que estamos listos. Satisfechos, por así decirlo. Hemos regresado de nuestro viaje y hemos cerrado la puerta.

No es... como tú sabes, algunas personas tienen una sensación paranoica. Dicen, "Bien, cuando tu meditas, si estas afuera de tu cuerpo, ¿puede meterse algo en tu cuerpo?" No, esto es tontería. Yo estoy hablando de mantener la conciencia pura. Tu no sales del cuerpo; eso es solamente una forma de hablar. Te vuelves un poco menos consciente de la parte física de tu cuerpo porque te vuelves más consciente del lado espiritual de tu ser. Nada se va a meterse en él. Estas ahí. Pero en un período de concentración intensificada, cuando tu mente está sujeta a algo, es sumamente importante que se sujete a algo brillante, hermoso y perfecto.

Ahora bien, muchas personas, cuando meditan, lo que hacen todo el tiempo es pensar en otra gente, incluso a veces hablándoles psíquicamente, telepáticamente. Este es un error terrible. Si estás haciendo eso detente. O si eres nuevo a la meditación, asegúrate de no empezar nunca así. Porque durante el período de meditación, cuando bajas el escudo del sistema inmunológico aúrico, si te concentras en otra persona, si sientes gente diferente, atraes su energía completamente a tu propio cuerpo. Absorbes totalmente su energía, y experimentaras una cierta clase de sobrecarga psíquica. Entrará en ti todos sus pensamientos, deseos, impresiones, inquietudes, su infelicidad y confusión. Si, por ejemplo, te pones a pensar en diez o quince personas una tras otra, incluso por un momento cada una, durante tu meditación, estas en un estado psíquico tan potente que la mente de cada una de esas personas entrará en tu mente y te arruinará del todo psíquicamente.

En otras palabras, en la meditación, lo que estas tratando de hacer es deshacerte de tu propia basura. Estas tratando de sacar toda confusión de tu mente, toda pesadez, los disturbios emocionales, las impresiones que hayas recogido desde la última meditación. Es como tomar una ducha para lavar toda la suciedad que has recogido desde el último baño y quedar limpio. Luego, desde ahí, podrás entrar al mundo de la luz.

Durante la meditación, si empiezas a recoger impresiones de otras personas, entonces, en vez de limpiarte a ti mismo, te saturas de ideas completamente hasta el punto en que no habrá meditación. Vas a terminar el periodo de meditación en un estado vibratorio mucho más bajo que el estado en el cual empezaste. Muchas personas hacen esto y terminan completamente disociadas porque se sientan y piensan en otras personas. O porque se concentran en cosas que vibran muy despacio durante la meditación. Y como te encuentras en un estado tan altamente sensitivo durante la meditación, el estar tan abierto es lo que hace que realmente te enfermes psíquicamente.

La manera de evitar esto es tener en qué concentrarnos durante la meditación. Y como he dicho, hay cuatro cosas muy saludables en las que podemos realmente concentrarnos. Puedes decidir concentrase en otras, pero estas cuatro son seguras. Puedes concentrase en una chakra excluyendo todo lo demás. Puedes concentrase en tu maestro excluyendo todo lo demás, si tienes un maestro iluminado. Puedes concentrarse en música iluminada, o puedes concentrase en la luz misma.

Vamos ahora a lo básico. En los primeros 20 minutos de tu sesión de meditación, si estas meditando por una hora siéntate y escucha un álbum de meditación. Tengo tres álbumes de meditación en este momento. El álbum de *"Iluminación"* es para la meditación matutina, *"Cañones de Luz"* es para la meditación del atardecer y *"Samadhi"* puede ser utilizado en la mañana o en la noche.

Digamos entonces que es de mañana y estas escuchando el álbum de *"Iluminación"*. Hace poco que te levantaste, tomaste una ducha, bebiste té o café —si necesitas esto para despertarte— o si no agua o jugo. Te sientes bien, un poco cansado. Siéntate con las piernas cruzadas y la espalda derecha. Enfócate en el centro del ombligo.

Esta es la meditación intermedia, de modo que ya estás acostumbrado a hacer esto. Lo has hecho por unos cuantos meses o tal vez incluso un año. Por lo tanto, no es gran cosa sentarte, concentrarte en el centro del ombligo, el centro del pecho o el tercer ojo. Ya estás acostumbrado a eso. Ya me conoces, o tal vez a otro maestro iluminado o a otros maestros, y has experimentado en cierta medida las sensaciones de la meditación. Si has estado con maestros iluminados cuando meditaban, simplemente al estar con ellos su aura hace que tú te expandas y que obtengas el sentido de lo que es la meditación: una sensación eterna, de belleza perfecta y de conciencia sin fin.

Entonces se déjate caer —siéntate a meditar— cierran los ojos y medita en el centro del ombligo. Tienes 20 minutos; la música esta lista. Ahora lo importante es ¿qué vas a hacer durante esos 20 minutos, mientras te concentras? Bueno, ¿qué es concentrarse? Significa que vas a poner tu atención en el área del ombligo o un par de pulgadas debajo. Vas a sentir esa área. No casualmente o vagamente, sino que tienes que mantener la mente ahí. Es como hacer ejercicios de flexión. Es una concentración total. Vas a mantener tu mente en el área del ombligo excluyendo todo lo demás. Hay ahí una chakra, un centro de energía, que no se activará a menos que te concentres intensamente.

Entonces enfoca tu atención alrededor del área del ombligo. Siente ese punto. Visualízalo. Haz lo que sea necesario. Una vez que estás ahí, mantén tu concentración. Si hay pensamientos que vienen y salen de tu mente, no les pongas atención. Imágenes, pensamientos de otra gente, sentimientos: no les prestes ninguna atención. ¡Mantente exactamente en ese punto! Probablemente sólo podrás concentrarse en ese punto por dos o tres minutos a la vez, a menos que sean un meditador muy fuerte. Es difícil mantener la concentración ahí.

Cuando hablo de "enfocarse", quiero decir excluyendo todo lo demás. Es tan intenso que no hay pensamientos. No hay sensaciones. No estas consciente de nada más. Generalmente podrás hacer esto sólo en pequeños momentos al principio. El principio, tu sabes, son los primeros centenares de encarnaciones de práctica...

¿Qué hacer entonces? Pues bien, la mayoría de las personas, si se concentran intensamente para empezar, después de unos minutos se relajan y se detienen, y luego su mente empieza a vagar. Están ahora en un estado psíquico altamente cargado, van a absorber todo lo que piensan y esto va a arruinar su meditación. Pero hay alternativas. Estas sentado escuchando música iluminada, después de concentrarte tanto como puedas en el centro del ombligo, y cuando ya no puedas hacerlo más, acéptalo y no pretendas que puedes continuar. Cambia el punto de concentración de tu atención. Mantén una sensación general en el área del ombligo, es decir, trata de sentir esa área del cuerpo; siempre mantén parte de tu atención ahí durante los primeros 20 minutos. Pero ahora concéntrate en la música.

Cuando digo que te concentres en la música, no quiero decir que la percibas como si fuera una canción en la radio, que a veces se escucha y a veces no, mientras piensas en otras cosas —tu mente vaga, se imagina otras personas, lugares y cosas, piensas en el mañana, recuerdas el ayer— todas esas tonterías. No hagas eso. Absolutamente no. Pon tu atención en la música. Escucha cada nota. Percibe cada sentimiento. Concéntrate en ella de manera a que no escuches nada más. Ahora estás haciendo una meditación auditiva, de escucha. Enfócate completamente hasta que no haya nada más que sonido puro y perfecto.

Ahora que has hecho esto por tanto tiempo como puedas, tal vez tres o cuatro minutos, tal vez durante una canción —pero tienes que escucharla perfectamente— cuando haces esto psíquicamente, de la misma manera que con la chakra, estas entrando en la chakra, estas entrando en esa música. Esta música se compone en otras dimensiones. Ahí es donde voy a componerla. Luego la traigo a este mundo desde los planos de luz. Y es interpretada por algunos de mis estudiantes. Con mi aura entro en la música que ellos han tocado y la limpio de todo lo que sea aúricamente impuro, de manera que solamente haya luz en la música. Es música perfecta en un nivel aúrico.

Enfócate en la música. Entra en ella. Siente de dónde viene y viajen con ella. Viaja a esos lugares emotivos descritos mediante la aliteración musical de las canciones. Cuando no puedas continuar haciendo esto, se practicó. Ahora que ya te has saturado de esta manera, enfócate tal vez en su maestro, si tienes un maestro iluminado, o en un maestro que ya no está en su cuerpo, pero que fue iluminado, por ejemplo, Ramakrishna. O si yo soy tu maestro, piensa en tu maestro. Tienes que tener cuidado cuando hagas esto porque el aura del maestro es muy poderosa. Pero primero tienes que asegurarte de que estás conectándote con el aura del maestro.

Si, por ejemplo, solamente has visto a tu maestro con centenares de personas a su alrededor y nunca has tenido un momento a solas con él, un momento privado, puedes estar cometiendo un error. Porque cuando te sientas con muchas personas y tu maestro está presente, es posible que no estés sintiendo mucho su aura; simplemente puedes estar sintiendo el aura y las impresiones de toda la gente que ha venido a ver al maestro. Es posible que empieces a asociar esto con la manera como se siente el maestro, pero ese no es el caso. Es preciso tener una sensación clara de cómo se siente el aura del maestro. Ahora bien, si me escuchas en esta grabación, si escuchas muy intensamente, podrás sentir el vacío, el vacío perfecto de mi mente. No hay pensamientos. No hay impresiones. Sólo hay luz, la luz de la iluminación. Es perfecta. Es pura. Es prístina. Es interminable.

Medito y he meditado muy, muy intensamente, de manera que no hay nada más que luz. No hay confusión humana. Sólo hay luz perfecta. Siente esto mientras hago una pausa por un momento. Por un momento voy a meditar aquí. Siente esta luz. (Pausa silenciosa).

Eso es el vacío. Esa es la luz. Viene en formas sin fin. Por lo tanto, si tú has tenido una experiencia personal conmigo como maestro, un momento en el que estuvimos solos y sentiste esa luz perfecta, o si estuviste en el desierto o en otro lugar, en un momento definitivamente no asociado con la mente de otras personas, entonces puedes enfocarse en eso, o en el momento que acabamos de tener juntos. En otras palabras, se trata de un diapasón. Es un mantra. Es una llave. Es un patrón de otros universos. Pero tiene que ser un momento puro.

Algunas personas visitan a un maestro y asocian los sentimientos de otros estudiantes presentes con el maestro. Cuando se sientan a meditar e imaginan a su maestro, en realidad están imaginando a todos aquellos que estaban ahí, y físicamente se conectan, en el momento en que los están imaginando, con los centenares de mentes, dondequiera que ellas estén hoy. Extraen todo lo que hay ahí y terminan totalmente disociados sin lograr identificarse con el maestro. Por lo tanto, si vas a enfocarte en un maestro, tienes que ser hecho de la manera apropiada. Tienes que enfocarse en el maestro y no en las vibraciones periféricas que puede haber alrededor de él, de otra manera se echa a perder la meditación.

Hay siempre la sensación de estar solos, una soledad hermosa durante la meditación. No es soledad sino hermosa soledad. Te sientas en medio del infinito o en un rincón apartado y te fundes con él. Es una sensación de aislamiento. No puede haber otras personas ahí. Si vienen personas psíquicamente hacia ti durante tu meditación, hazlos a un lado. No veas sus caras. No pienses en sus mentes. Hazlos a un lado con tu poder. Tiene que ser a solas.

Únicamente solo puedes ir hacia la eternidad. Únicamente solo puedes sentir la luz trascendental. Únicamente solo te purificara y perfeccionara. No es una experiencia compartida, porque si lo es regresas a la dualidad. No estás allá arriba. Estas en el mundo de las realidades que te atan, donde existen múltiples mentes y múltiples formas y múltiples confusiones. Y eso no es meditación.

La meditación es una experiencia pura. Por pura queremos decir no diluida. No es algo que puedas compartir con otros. Es algo que experimentas solo. Tú naciste en este mundo por ti mismo. Has llegado por el cuerpo de tu madre, pero, excepto por eso, no tienes nada que ver con ella. Tu espíritu no tiene edad, es intemporal e inmortal. Este espíritu puede haber tomado forma física y haber venido a través de un cuerpo físico, pero viene a este mundo solo, y cuando mueres, mueres solo, incluso si mueres en compañía de otra persona, si mueren juntos. En tu mente estas solos y dejaras este mundo solo para ir al próximo mundo solo.

Estamos solos. Esta es nuestra condición como personas que perciben. Podemos experimentar a otros, y los demás son un reflejo de la mente universal, sí, y por su puesto eso es divertido. Pero el período de meditación es un tiempo en que volvemos al origen. Regresamos a lo que éramos antes de nacer. Regresamos a la esencia. Pasamos bastante tiempo en substancia. Pero tenemos que renovarnos. Necesitamos recobrar nuestro propósito, descubrir quiénes somos. Hay cosas que no pueden expresarse en palabras. Son sentimientos, conocimientos, intuiciones que experimentas cuando meditas. Por lo tanto, la meditación es algo bastante complicado. Es un regreso al origen. Regresamos a la luz, a la perfección, al estado de no nacido, no creado. Y mientras podamos mantenernos en ese estado nos renovaremos y transformaremos. Se aliviará todo nuestro dolor, nuestra frustración, y se removerán todas las añadiduras que hemos recogido en el plano humano, en esta realidad dimensional, y seremos espíritu, espíritu puro, luz pura, amor puro, éxtasis puro. Regresamos después a este mundo y enfrentamos las tareas de nuestra vida de manera clara y alegre.

Nuestro trabajo, entretenimiento, escuela, relaciones — a dondequiera que nuestro karma nos lleve— podremos vivir una vida plena porque no estamos confundidos. Sabemos que somos espíritu infinito. Sabemos que no podemos morir. Podemos pasar por la experiencia de la muerte, pero en la meditación vemos que nuestras experiencias son interminables y que somos espíritus sin fin, eternos. Vemos esto no como un pensamiento o una idea que leemos en un libro, sino como algo que experimentamos nosotros mismos. Todos los días.

Y a medida que mejoras en tu meditación, esta experiencia es más fuerte, más profunda, y te cambia por completo. Pero tienes que mantenerte en el centro, si eso es el tipo de cosa que te gusta. Tienes que ir tras ella, o puedes desviarte. Puedes meditar de vez en cuando y tener un gran número de otras experiencias. Entonces estarás en lo que se llama samsara, el mundo de las ilusiones, el mundo de las experiencias humanas —las emociones, sentimientos, pasiones, amores, odios, todas esas buenas cosas. Estarás en ese mundo y te moverás alrededor del mismo. Pero no estarás en la realidad trascendental. Esto quiere decir que estarás en el mundo del tiempo, el espacio y la dimensionalidad, y que debes aceptar las condiciones de ese mundo. No tienes alternativa.

Por otra parte, si meditas, puedes experimentar ese mundo, pero también puedes experimentar el otro mundo y las remotas eternidades y dimensiones, sin quedar atrapado en ninguna de ellas. De modo que si el mundo físico se vuelve problemático, fácilmente puedes irte a los resplandecientes mundos espirituales y reinterpretar tus experiencias en el mundo físico sin conocer el sufrimiento y el dolor que existen en ellos. Tú decides.

Pero no tienes que meditar. No es necesario. No tienes que practicar el descubrimiento personal ni el budismo. No es necesario. Simplemente puedes vivir. Únicamente debes experimentar éxtasis cuando meditas, y sólo debes practicar el descubrimiento personal si realmente ya estás cansado del mundo humano. Si sientes que este es un mundo bello y resplandeciente, donde solo existen experiencias maravillosas todos los días, entonces no necesitas meditar, creo que ya llegaste a la meta (Rama ríe). Es eso o necesitas un buen psiquiatra.

Por otra parte, si tú eres como la mayoría de nosotros que hemos vivido un poco, tal vez eres algo más sabio y te das cuenta de que la vida es complicada. Tiene sus buenos momentos y también sus momentos malos, sus altibajos, sus vueltas y revueltas. Y generalmente hay mucho más dolor que placer y mucha más infelicidad que felicidad. De lo contrario es que has estado viendo demasiados comerciales de televisión y muchas comedias. Se realista. La vida es pesada, es difícil. Es compleja incluso para los sabios. Examina la experiencia de esta encarnación hasta ahora, suma de manera real los momentos de felicidad e infelicidad, y me dime. Oh, vagamente noble de nacimiento, dime ¿cómo te ha ido en esta vida?

A las personas que les atrae la meditación han tenido muchas encarnaciones en el mundo de la experiencia, y conocemos este juego. Sabemos que la experiencia es importante, pero no es suficiente. Hemos estado dando vueltas muchas veces. Tú sabes, es como tener relaciones. Empezamos una relación con alguien y todo es maravilloso al principio y luego no lo es. Puedes hacerlo funcionar. Puedes tener más momentos positivos que negativos. Pero solamente quienes no han tenido relaciones piensan que ellas son siempre maravillosas, y sin preocupaciones. Estamos en el mundo de las mini toallas *"Stayfree"* donde todo es perfecto todo el tiempo. (Rama ríe.) Pero temo que no es así.

Debes crecer. Hacer una vida. La vida es dolor, y quien te diga algo distinto está tratando de venderte algo. Absolutamente. Vida en el mundo físico. Y luego existe el éxtasis, el éxtasis de la iluminación. Pero, si vas a experimentarlo y no va a ser solo una frase, tienes que esforzarte durante la meditación. Entonces ¡vuelve al centro del ombligo!

En el centro umbilical, te debes enfocar en la chakra tanto como puedas, luego tal vez enfócate en la música tanto tiempo como puedas y luego en el maestro —pero en el maestro en una forma pura, no con los sentimientos de los centenares de personas que pueden haber estado presentes cuando lo viste. Porque, en cualquier cosa en la que te concentres durante la meditación, realmente estas viajando y tocando psíquicamente. No es sólo un pensamiento. Puedes pensar en alguien con tu conciencia normal, y no los tocaras muy profundamente. Pero durante la meditación, cuando piensas en alguien, realmente entras en su aura en ese momento y lo atraes hacia tu aura. Ese es el problema. Por lo tanto, es muy importante mantener una meditación prístina, sin impurezas.

Ahora, después de enfocarte en el maestro por tanto tiempo como puedas, trata de concentrarte en una luz pura. Sólo siente o imagina un campo infinito de luz blanca, brillante y perfecta, o de cualquier otro color que prefieras, y dirígete hacia adentro de ella. Mantén la imagen en la mente fuertemente. Luego, cuando ya no puedas hacer más eso, si el tiempo para esa chakra no ha terminado, regresa a la chakra. En otras palabras, ten varias cosas a las cuales puedas trasladar la mente, cada una brillante y perfecta, que te conecten con la luz —no con un aura humana o algo inferior— durante la experiencia de la meditación.

No es suficiente decir, "Bien, me voy a sentar y a enfocarme en una chakra por 20 minutos; y después en la siguiente chakra, y luego la siguiente, y eso completa una hora de meditación". Así no vas a meditar. Lo que vas a hacer es vagar por todos lados en un estado de alta sensibilidad y a tocar numerosas auras, recogiendo mucha negatividad. Durante la experiencia de la meditación debes tener cierto número de enfoques, o llámenlos escudos si prefieres. Esto es porque estas en un estado de gran sensibilidad y porque, siendo realista, a menos que tengas control completo sobre la mente, la mente vaga. Pero no debemos dejarla vagar.

Cada vez que tu mente se mueva hacia algo, no te pongas tenso, no temas que vas a enfermarte o a recoger mucha aura. Esto sólo pasa si no trasladas la mente. Y por supuesto, lo divertido es que estas desarrollando un nuevo sendero neural. Cuando mejoras esta habilidad, se convierte en una costumbre, un hábito. Y los buenos hábitos son tan difíciles de romper como los malos hábitos.

Alguna vez intenta romper un buen hábito. No es fácil —si es que tienes algún buen hábito. Si tienes buena postura, trata de encorvarte. No resulta naturalmente. Si tienes buenos hábitos, son tus amigos. Puedes desarrollar un hábito bueno y positivo llamado meditación —meditar correctamente. Te tomará una o dos semanas trazar bien el camino. Si lo has estado haciendo incorrectamente por años, entonces te tomará un mes o dos para rehacerlo.

Lo realmente importante es usar el poder completo de tu concentración. Si te das cuenta de que estas vagando a la deriva y que no puedes hacer una hora de meditación, entonces haz solamente media hora. Pero tiene que ser hecha intensamente. Es mejor hacer una hora si es posible. Creo que eres capaz, si lo haces en pequeños módulos incrementales. Ese es el método que prefiero. Por lo tanto, como lo he sugerido, ahora que hemos subido al corazón, a la chakra del pecho, quizás lo que debes hacer aquí es enfocarte tanto tiempo como puedas, tan fuertemente como puedas. Por supuesto vas a colectar energía haciéndolo —todo será más brillante. Ahora enfócate en la música por unos minutos. Luego concéntrate en tu maestro por unos minutos. Luego en la luz. Después regresa a la chakra —o hazlo en el orden que tú prefieras.

Enfócate en algo hermoso y brillante. Pero debes de mantener la mente ocupada en todo momento con aquello que es brillante y hermoso. Si lo haces no habrá nada más. No habrá en la mente personas, lugares o cosas, futuro o pasado.

No puedes sentarte en el vacío solamente. Ni siquiera el iluminado se sienta en el vacío. Lo llamamos vacío, pero hacemos entrar nuestra mente en un mundo de luz. La meditación no es un vacío. Esta es una forma de tratar de hablar de algo que es imposible de poner en palabras. No se trata de algo vacío; es un mundo de plenitud. En otras palabras, realmente la meditación no es pensar en nada. Al principio es un pensamiento de sustitución. En vez de tener las habituales cosas negativas que, por decirlo así, vagan en tu mente, o ciertamente cosas limitadas —personas, lugares, cosas, pasado, futuro, emoción en la mayoría de los casos— las reemplazas con imágenes muy brillantes. Ahora bien, cuando estas en un estado de poder exaltado, en un estado altamente psíquico, estas imágenes no son simplemente imágenes. Son portales.

Cualquier cosa en la que te concentres, en eso te convertirás. Esa es la clave.

La meditación es el arco y la concentración es la flecha. Cualquier cosa en la que te enfoques, en eso te convertirás, particularmente durante ese estado de alta carga en el que intencionalmente abandonas el escudo de inmunidad áurico porque quieres entrar más allá a la luz brillante, a la luz pura. Pero debes tener mucho, mucho cuidado para no dejar que entren otras imágenes en tu mente. Simplemente recházalas. Cada vez que venga otra imagen a la mente, recházala. No te concentres en ella mucho tiempo al tratar de rechazarla, si no te conectaras con ella.

La manera de sacar las imágenes es concentrase de nuevo en algo brillante. Este es un buen hábito que debes desarrollar. Estas sentado, meditando, y en todo momento enfocado en una chakra, en la música, la luz, tu maestro o en algo más que te conecte con las dimensiones de luz. Y cada vez que algo entre en tu mente por un momento —una persona, una experiencia, o lo que sea— conscientemente debes apartar la mente de esa imagen, sustituyéndola por una imagen de brillantez. Si intentas sentarte en el vacío, estarás creando un vacío que será llenado con algo. Se llenará de pensamientos e imágenes de tu memoria o simplemente con lo que estas sintiendo psíquicamente. No señor. Tienes que sustituir eso y reenfocarte.

En otras palabras, la meditación en la etapa intermedia es enfocarse una y otra vez en símbolos. Por medio de estos símbolos llegaras a conocer tu propia mente. No es el vacío. Usamos símbolos, portales, para pasar de aquí allá —de un mundo a otro, de la oscuridad a la luz, de la muerte a la inmortalidad.

Piensa en la meditación, de nivel intermedio, como una sustitución. Sustituimos un pensamiento oscuro por uno brillante, un momento triste por uno feliz, un sentimiento finito por uno infinito, una conciencia mundana por una conciencia cósmica. Lo que estás haciendo es aprender a entrenar tu mente. Por una hora, o media hora, o 45 minutos, cuando te sientas a meditar, estas entrenando la forma como trabaja tu mente. Nunca has entrenado tu mente; simplemente has trabajado con ella a medida que has crecido. Ahora realmente estas entrenando la mente para que se enfoque en la brillantez excluyendo todo lo demás.

Si haces esto durante el período de meditación, entonces ocurrirá esto más fácilmente el resto del tiempo cuando no estés sentado en una postura de meditación, a lo largo del día y la noche. Estas estableciendo un patrón, un buen hábito. Al levantarte por la mañana, y espero que otra vez por la noche, harás un período igual de meditación en el que realzaras el poder y la energía que te permitirá llevar a cabo toda clase de cosas, utilizar más la mente, estarás en múltiples dimensiones y todas esas buenas cosas, por supuesto.

Lo que estás haciendo es cambiando la manera como percibes. Estas tomando una percepción limitada —la del mundo sensorial, mental y emocional, que es la que la mayoría de la gente tiene— y estas expandiendo tu alcance perceptual de manera que puedas percibir más escalas, escalas más amplias, todo el tiempo y no solamente durante el período de meditación. Por supuesto, experimentaras las escalas de percepción normales, en realidad con mayor claridad y profundidad, porque tu mente estará más clara y aguda y porque tendrás mucha energía y toda la basura estará afuera. Tus tareas físicas serán más firmes y brillantes. Y por supuesto, serás más feliz.

Entonces, ¿qué es lo que hemos aprendido hasta ahora? En otras palabras, esperamos estar redefiniendo, o tal vez definiendo para ti la meditación por primera vez. ¿Qué hemos aprendido? Hemos aprendido esencialmente que la meditación —la meditación intermedia— es reenfocar, reentrenar la mente. Pensar que sólo vamos a hacer lo mismo que hicimos en la meditación básica, por un período más largo, es incorrecto. No vamos a sentarnos simplemente a meditar, a enfocarnos en una chakra de vez en cuando y a dejar vagar la mente por todas partes. Eso es meditación básica. Acostumbrarte a sentarte, concentrarte; algunas veces sientes alguna energía, otras veces no.

Lo que hemos aprendido es que la meditación intermedia es el uso de símbolos, no de abstracciones. Un símbolo es algo vivo. Es una conexión. Es un guion entre una realidad y otra. Estamos en un salón. Tenemos que ir a otro salón. Necesitamos una puerta para pasar. Abrimos la puerta, pasamos y estamos en otra realidad. Estos símbolos son portales a otras realidades. Enfocarse en un maestro iluminado es un portal. No es una persona. Nos enfocamos en la luz que pasa a través de él. Pero nuestra mente mantiene la imagen física de la persona. Mientras la mantenemos, nuestro psique se conecta con la luz que está dentro de él y entonces nos movemos no hacia él sino a través de él a ese campo de luz, a los planos de luz que se expanden por siempre, y eventualmente hacia nirvana.

La chakra es un portal. Cuando mantienes la atención en el centro del ombligo, la chakra te lleva a los planos de poder. Cuando te enfocas en el centro del pecho, te lleva a los planos de sentimiento emotivo, de unidad espiritual, de éxtasis y felicidad. Cuando te enfocas en el tercer ojo, estas yendo a los planos de conocimiento y visión. Estos son portales que te llevan a estas otras dimensiones. Pero debes enfocarte en ellos completamente, excluyendo todo lo demás. No puedes sujetarte vagamente a ellos. Nada sucederá. O peor aún, obtendrás poder hasta cierto grado, te volverás altamente clarividente, y luego, si permites que pasen otras imágenes por tu mente durante ese estado —especialmente de personas, lugares y cosas— atraerás todas esas otras auras y estarás mucho más confuso y mucho más disociado que antes de la experiencia de meditación.

Así, la meditación intermedia es aprender a usar la mente de una nueva manera. Con el tiempo desarrollaremos un hábito, un buen hábito que usaremos no solamente durante el período de meditación, sino 24 horas al día. La respuesta no es tratar de sentarse en el vacío y simplemente tener la buena intención de que mantendrás la mente en un estado perfecto. Eso no tiene sentido. Se honesto. Tómalo en serio. Eso no va a ocurrir.

Las buenas intenciones no bastan. Tienes que saber lo que estás haciendo. Necesitas técnicas. Con un número de símbolos o de portales en los que puedas enfocarte de un momento a otro, nunca habrá ninguna interrupción durante el período de meditación. A veces atravesaras los portales y entraras en la luz. Entonces solamente habrá luz en la mente, no habrá pensamientos ni imágenes, no habrá conexión psíquica con otras personas, lugares, cosas, tiempos, seres, o lo que sea. Naturalmente, eso está bien.

Si estas en la luz, el único momento en que debes volver a enfocarte es sólo cuando la luz se desvanece y la gravedad te regresa a la mente y súbitamente te llegan de nuevo las imágenes del mundo. Entonces sigue adelante. Enfócate en otro símbolo. Te darás cuenta de que estos símbolos operan cada vez mejor y que es más fácil enfocarte en ellos cuando meditas cada día.

La clave de la meditación es enfocarse en el nivel intermedio. No es simplemente enfocarse como una vaga abstracción, sino enfocarse en símbolos específicos. Los símbolos son las chakras, un maestro iluminado, música iluminada o luz. Hay, sin embargo, otras alternativas. En ocasiones puedes concentrarte en un yantra con los ojos abiertos. Pero, de nuevo, esto es lo mismo. Puedes estar sentado enfocándote en una yantra, en una piedra de colores, o en cualquiera otra cosa, mirándola vagamente y permitiendo que la mente se distraiga. Si estas usando un objeto visual para calmar la mente, debes enfocarte en el excluyendo todo lo demás.

Me gusta más la música, porque la música, en particular los álbumes de meditación, están diseñados para meditar. Si nos enfocamos en un yantra, no es más que una representación geométrica de otros vértices de energía, pero no deja de ser un montón de líneas. (Rama ríe.) No tiene la misma carga energética de la música. La música nos envuelve más. Estamos tratando con ritmos, subestructuras, tonalidades. Un enfoque visual está bien, y lo recomendé hasta que tuvimos música. La música es definitivamente superior al enfoque visual.

Es por esto que ahora recomiendo que cierren los ojos durante la meditación, si están utilizado uno de los álbumes de meditación. He puesto mucha energía en cada canción, energía muy resplandeciente, brillante y hermosa, y las composiciones están basadas en otras dimensiones. Cada composición hace alusión a un plano de luz particular, de modo que al enfocarte en la música excluyendo todo lo demás, atraerás una luz bella y resplandeciente. Entra en esa luz, por medio de la música, tan profundamente como puedas. Y cada vez iras un poco más lejos. Cuando no puedas mantener tu atención en la música, enfócate en tu maestro en una forma privada, si tienes un maestro iluminado o conoces alguno.

Es algo así como el sentimiento que existe entre nosotros ahora mismo. Enfócate en esa energía que viene con mi voz o en cualquier otro maestro iluminado, encarnado o no, pero no en un grupo de sus estudiantes o en uno de sus estudiantes que enseñan. Gran error. Enfócate sólo en el iluminado. Repito, no permanecemos con el maestro, sino que vamos a través de él hacia la luz misma. O enfócate sólo en la luz. Puedes imaginar luz, sentirla. Sin embargo, mantenla en tu mente. No debe ser en forma vaga, pues entonces tu mente estará sin rumbo. Es por medio de la sustitución como meditamos.

La meditación avanzada, de la cual podemos hablar en otra ocasión —es difícil hablar de ella— es diferente. No es sustitución. Es transmutación. Es otro paso, otra etapa; es samadhi, la superconciencia. Pero creo que la meditación intermedia te servirá suficientemente bien por un tiempo. Mi recomendación es que conozcas los símbolos de tu mente y por medio de ellos te vuelvas completamente consciente y estés completamente atento, enfocado en las chakras mientras meditas, usa las tres en cada meditación. De esa manera estarás elevando el kundalini desde la chakra raíz hasta la chakra coronaria. Enfocándote en esas tres chakras te bastará.

Emplea un tercio de tu tiempo empezado con el centro del ombligo, otro tercio en el centro del pecho y otro tercio en el tercer ojo. Pero durante estos períodos de tiempo, que deben ser iguales, idealmente estarás escuchando música iluminada para bloquear el increíble número de vibraciones del superpoblado planeta, que de otra manera recogerías debido a que estás en un elevado estado psíquico mientras meditas. La música actúa como un protector del aura. Te ayudará pero no será suficiente. Entonces debes empezar cada parte de la sesión enfocándote en una chakra.

Si nos estamos concentrando en el centro del ombligo, enfócate en la chakra tan intensamente y por tanto tiempo como puedas. Luego, cuando la mente se canse y no puedas continuar, se honesto al respecto. Mantén una sensación ligera en esa área durante el período de meditación de esa chakra, y luego pasa a la música. Concéntrate en la música por tanto tiempo como puedas. Cuando ya no puedas más, concéntrate en tu maestro. Luego enfócate en la luz. Después regresa a la chakra. Puedes hacer esto en cualquier orden, variándolo a tu gusto. Pero durante todo el período de esa chakra mantén en tu mente un símbolo sobre el cual te concentres. Cada vez que llegue a tu mente la cara de una persona, una imagen, un recuerdo o una expectación, recházalo. Échalo hacia afuera, regresando tu mente al símbolo, a la luz, a la música, al maestro, a un momento feliz con su maestro, un momento puro, un momento hermoso de trascendencia, o a la chakra.

En otras palabras, sustituye. No te sientes simplemente a tratar de remover un pensamiento, porque entonces vendrá otro pensamiento. O te enfocarás en ese pensamiento mientras intentas sacarlo. En lugar de eso traslada tu mente al símbolo. Con la práctica esto resultará más fácil. Cuando sea tiempo, pasa a la siguiente chakra y luego a la última chakra.

Lo que realmente estamos tratando de lograr o de ver es el tiempo que empleamos sentados. Más específicamente examina la experiencia de un momento a otro, mientras estas enfocado en una chakra. No es suficiente decir, "Siéntate y enfócate en una chakra". Eso es meditación básica. Lo que estamos haciendo ahora es asegurándonos de que es "tiempo de calidad", como se decía en los años 90.

Y mantén tu sentido del humor. Sigue divirtiéndote. Y decide si quieres hacer esto. Tal vez no necesitas hacerlo. Es mucho trabajo. Ciertamente genera éxtasis, liberación y una buena vida, pero tal vez este no es tu momento. Quizás deberías ir a hacer algo más. Pero si sientes esa atracción hacia lo eterno, entonces no podrás alejarte de esto. Por lo tanto es muy importante que medites apropiadamente. De otra manera la meditación te hará un perjuicio. Te confundirá en vez de aclarar tu mente. Te traerá una enorme cantidad de impurezas al dejar que la mente vague durante esta experiencia de poder. Mantén la mente centrada en aquello que te conduce a la luz. Intensamente. Eso es la meditación intermedia. No aceptes sustitutos —y sobre todo, ten una buena encarnación.

El ciclo de la iluminación

Iluminación es conciencia completa de la vida sin modificación mental alguna. Es luz perfecta, luz que siempre ha existido, que existe ahora y existirá siempre. Es luz que existe más allá de la oscuridad. Es el corazón y centro de todas las cosas y está en todas las cosas y más allá de todo.

Iluminación es un estado de conciencia, supongo. Es una manera de hablar de ella. Es algo que alcanzamos, si es que alcanzamos algo.

Hay una montaña y quiero llegar a la cima. Hay algo muy hermoso, muy maravilloso en la cima. Eso espero. Escalo la montaña y cuando llego a la cima tengo ante mí un panorama. Si hay algo maravilloso ahí, lo he encontrado, si en eso consiste alcanzar algo. La montaña de la iluminación está, por supuesto, dentro de nosotros mismos. Está dentro de nuestra mente. Y estamos escalando esa montaña todos los días. Nuestra vida es esa montaña.

La montaña es complicada. Tiene muchos caminos y veredas. Podemos atravesarlos. Podemos subir y bajar la montaña e ir alrededor de ella por siempre, sin alcanzar nunca su cima. La cima es la iluminación —la conciencia completa de la vida sin modificación mental alguna, es el punto de vista más alto. No es la mejor vista pero es la más clara y sin obstrucciones. Y si ese es tu interés, si buscas la iluminación, entonces la práctica de la meditación es el sendero a la iluminación, junto con la práctica de la atención total. Estas son las dos cosas que hacemos en el budismo para hacernos iluminados.

La iluminación existe en todas las cosas. La iluminación es todas las cosas. Está alrededor de todo, a través de todo y más allá de todo. Esto parece más complicado de lo que es en realidad. Si quieres experimentar la iluminación de manera sencilla, todo lo que tienes que hacer es detener tus pensamientos. Cuando no hay pensamientos en la mente, cuando no hay pensamiento de que no pensamos, cuando la mente está tranquila y en reposo, pero está completamente alerta, experimentamos un poco de iluminación. Se filtra un poco de luz.

Nuestros pensamientos, deseos, emociones, iras, temores, amores, odios, son nubes que se interponen entre nosotros y la luz del sol. Cuando estas cosas se detienen, cuando el pensamiento se aleja, y el miedo, la ansiedad, la alienación, la depresión, e incluso la esperanza —sí, incluso la esperanza— se quitan de en medio, habrá luz, luz perfecta, una luz que lo abarca todo. Esa es la palabra que yo uso para esto. No conozco una mejor palabra. Tal vez podríamos decir luz exultante, una luz que lo abarca todo —Dios, conocimiento, pureza, verdad. Pero luz es suficiente para mí. Creo que basta.

La iluminación existe dentro de ti. Y como dije, existe esa montaña que escalamos todos los días. ¿Cómo te está yendo al subir? Es cuesta arriba. Si vas hacia la iluminación y parece que es muy fácil, de bajada, probablemente también estas yendo hacia la iluminación.

La conciencia es infinita. Y quiero que entiendas que la iluminación no es algo que obtienen o alcanzan sólo unos pocos elegidos. Es decir, obviamente la obtienen o alcanzan unos pocos, en el sentido de que muy pocos parecen alcanzarla o llegar a ella. Pero no es porque sea increíblemente arduo. Es sólo porque no es muy popular.

¿Por qué es tan difícil ser feliz? ¿Por qué es tan difícil renunciar al miedo, abandonar el odio, dejar la ansiedad? Me parecería que es muy sensato hacer esto —ser felices por siempre, ver más allá de este sueño cósmico que llamamos vida y ver otros sueños del cosmos, dimensiones de la mente, del tiempo, del espacio y de las cosas más allá.

Ir al mismo centro de la mente de Dios, ser eso, hacernos conscientes de nuestra infinitud, esa es la meta del budismo —una de las metas. A lo largo del camino, ser tan amables con los demás como sea posible, sin pensar que somos particularmente maravillosos porque, tal vez, somos bondadosos. Trascender nuestra identidad, en otras palabras, ir más allá del ego, volvernos conscientes de la vida en formas constantemente nuevas, de la misma manera que la vida es consciente de sí misma constantemente de nuevas maneras.

Para terminar toda esta retórica digamos que el proceso de llegar a ser la iluminación misma es simplemente un proceso de quitarse del medio, si la iluminación está ahí, si existe, lo cual desde luego es así. Créanme. La iluminación es algo increíble, mejor de lo que puedes imaginarte, fabulosamente más allá de toda comprensión, extática más allá de toda maravilla, hermosa más allá de la visión y del entendimiento. Y está presente ya en nosotros y en todas las cosas; todo lo que tenemos que hacer es remover eso que no nos deja verla y experimentarla, y esos somos nosotros. Suena absurdo, pero es así.

Nuestra limitada manera de percibir las cosas, de percibir la vida; la manera como pensamos de nosotros mismos, pensamos de los demás y pensamos del mundo; los modelos kármicos que hemos desarrollado en todas esas innumerables vidas pasadas y durante esta vida; la manera misma como recogemos información, la procesamos y la experimentamos; la información sobre la vida, el vivir, la percepción —el estudio de la iluminación, es decir por lo que pasamos para llegar a la iluminación, realmente es una reorganización de nuestro cuerpo o campo perceptual. Aprendemos a ver la vida más clara y directamente.

Vas manejando un auto. Tratas de ver a dónde vas, pero el parabrisas está realmente sucio, y es difícil ver algo. Si está completamente opaco no puedes ver nada. Tienes que tener un parabrisas limpio para poder ver a dónde vas. La luz ya está ahí. Está siempre presente. Es perfecta. Es iluminación. Pero algo está obscureciendo la ventana, la vista —el espejo de la autorreflexión.

Como se dice a veces en zen budismo, hay una partícula de polvo en el espejo, y eso somos nosotros: nuestra personalidad, nuestro punto de vista, nuestros amores, odios y deseos, nuestra auto importancia, la lástima que sentimos por nosotros, y nosotros mismos. O tal vez el ser profundo es esa luz que está en el otro lado de este ser que consideramos que somos, que experimentamos.

Así pues, en el budismo meditamos. Aquietamos nuestra mente aprendiendo a concentrarnos en las chakras, liberamos la energía interna que llamamos kundalini y nos transportamos a estados de conciencia claros y elevados. Vamos a la cima de la montaña o tan alto como podemos. Cuando estamos en la cima vemos alrededor y obtenemos una nueva perspectiva de todo. Luego bajamos un poco y seguimos con nuestra vida diaria. Pero no descendemos completamente hasta donde estábamos antes. Después ascendemos un poco más en nuestra próxima meditación y de nuevo descendemos, pero no tanto como antes. Gradualmente llegamos a la cima de la montaña de la iluminación.

Pero realmente no hay una cima. Es algo así como los Himalayas. Después de haber ascendido hasta la cima de una de las montañas te das cuenta de que hay muchas más, que hay muchas cordilleras por subir, y que parecen continuar por siempre, tan lejos como el horizonte, y eso es suficiente para mí.

La iluminación es interminable. No tiene fin ni principio. Es perfecta y continúa por siempre. Es parte de ti, parte de mí y parte de todo. Si esa percepción te causa alegría, ahí la tendrás, si aprendemos a meditar, si practicamos la atención total, que es simplemente aprender a estar en estados de mente muy positivos y alegres cuando realmente no estamos sentados meditando —es una clase de meditación en movimiento. Cuando nuestra vida se hace clara y pura, como agua pura y cristalina, como la nieve de los Himalayas, como el viento; cuando la mente está clara y tu visión de la vida no tiene obstrucciones, entonces estarás en paz contigo mismo y serás feliz.

La iluminación no es solamente una pequeña ráfaga de luz. Significa que tu mente se ha vuelto una con el universo, con todas las cosas. No es como si pensaras en muchas cosas simultáneamente, porque estarías pensando, ¿no es verdad? Tampoco es como si estuvieras reflexionando sobre alguna verdad interna profunda o manteniendo una conversación con Dios o con algo parecido. Realmente no. Supongo que puedes hacer eso, pero la verdadera iluminación está más allá de lo que puede expresarse con palabras.

Lo que estoy sugiriendo, como lo han hecho otros, es que hay algo perfecto al otro lado del dolor, la limitación y la frustración, y eso es la vida en una forma inalterada. Es de lo que hemos salido y a lo que regresamos. Y no tenemos que permanecer con tanto dolor si meditamos. De hecho, podemos experimentar éxtasis.

La vida todavía duele a veces —tener un cuerpo duele a veces, duele nacer, duele vivir, duele morir. Pero también puede haber éxtasis más allá de toda comprensión. Y quienes practican la meditación correctamente, quienes siguen el sendero de la iluminación, quienes aprenden a amar y no odiar, quienes aprenden a controlarse a sí mismos y van más allá de la personalidad a algo más perfecto, conocen ese éxtasis. Nosotros podemos conocer ese éxtasis. Está dentro de nosotros. Está dentro de todas las cosas. Está en todas partes y en ninguna parte. Es uno de esos acertijos budistas. Nos gustan los acertijos en el budismo.

Como maestro iluminado de budismo, quiero darte la bienvenida al sendero de la iluminación. Quiero alentarte, basado en mi propia experiencia personal y la experiencia personal de muchos otros, a meditar —a que seas más positivo— a que practiques la meditación, para que aprendas a hacer esta cosa maravillosa, para hacer que tu mente esté callada en un mundo de locura donde todo el mundo está en guerra con los demás y ciertamente consigo mismos. Quiero que aprendas a ser feliz y a ver las cosas más claramente.

Pero no tienes que hacerlo. Puedes ser desdichado; si esa es tu prerrogativa. Pueden hacer que otros sufran; si esa es tu prerrogativa; y eso hará que tú sufras más. O puedes decir, "Espera un momento. Detente. Oprime el botón de pausa". Pensemos en esto, o no pensemos, como sea el caso. Tú simplemente vas a morir y renacer y morir y renacer por siempre. Y de la misma manera que cambiarse a una nueva ciudad no necesariamente cambia tu vida mucho —porque todas las ciudades realmente son más o menos iguales, y porque dondequiera que vayas, ahí estas— cambiar encarnaciones no cambia mucho.

¿Cuál es la prisa? Lo que cambia algo es la identidad. Cuando cambiamos de identidad, cuando expandimos la visión de nosotros mismos, cuando codificamos nuevamente la forma en que trabajan las estructuras de nuestra mente, eso es lo que realmente es el budismo, una redefinición. Reestructuramos la mente. Creemos que la mente no es algo sólido. Es como el agua. Es fluida. Cuando ponemos agua en un recipiente, toma su forma. Si la ponemos en un vaso redondo, será redonda; en un vaso rectangular será rectangular. Entonces pensamos que nuestra mente es como el agua, que toma cualquier forma según el recipiente, y que su forma actual es nuestra personalidad, nuestra visión del mundo que proviene de nuestras experiencias en ésta y en vidas pasadas. Si cambiamos su forma, entonces la mente cambia de forma. Si cambiamos la forma en que vemos la existencia, entonces todo cambia.

La meditación y la atención total, simplemente esas dos cosas harán esto gradualmente, un poco a la vez —tal vez no tan gradualmente sino algunas veces a saltos y brincos. Varía de un día para otro. Depende de qué tan profundamente medites, de que tan intensamente practiques la atención total, de que tan feliz quieras ser. Depende enteramente de ti. Esa es la belleza de la vida en mi opinión. No necesariamente podemos evitar siempre lo que nos ocurre. Nacemos en la pobreza o en la riqueza o en algún punto intermedio. Pero podemos hacer algo con respecto a nuestra condición.

Algunas veces no podemos hacer nada acerca de nuestra condición social, pero podemos hacer algo acerca de nuestra condición, nuestra condición de luz. Podemos meditar y practicar la atención total. Podemos hacerlo en una mansión, en la celda de una cárcel, en medio de la mediocridad. Realmente no importa. Lo que importa es que obtengamos control de nuestra mente. No siempre podemos controlar las circunstancias de nuestra vida. Hacemos lo que mejor podemos. Pero lo que sí podemos hacer es obtener control de nuestra mente y dirigirla hacia esa luz siempre perfecta dentro de nosotros.

Ahora bien, alcanzar la iluminación no significa que todo saldrá como tú quieras. Es decir, algunas personas tienen definiciones baratas de lo que es la iluminación y piensan: "Bien, si llego a ser iluminado quiere decir que puedo conseguir todo lo que quiera". Eso no es cierto. Quiere decir que no querrás nada. Quiere decir que serás feliz y que, si las cosas resultan como quieres, serás feliz, y si no resultan de ese modo, también lo serás. No quiere decir que seas tonto y no te importa nada. Significa que estas en un estado de entendimiento, que has logrado una profundidad donde puedes verte en un cuerpo encarnado que va a través del tiempo y el espacio de esta vida, y al mismo tiempo, estas más allá de todo esto, no confundido, sino más bien consciente.

Se vuelven más vívidos los colores, más importantes los momentos de la vida, y al mismo tiempo la proximidad del dolor no es tan importante, realmente, porque vemos la eternidad. Lo transitorio se eleva y cae. Todas las cosas terminan. Comienzan nuevas cosas. Y tenemos la perspectiva de la eternidad para verlo, de manera que, cuando las cosas no resultan, podemos aceptarlo de manera alegre y callada, y algunas veces con risa.

Cuando las cosas no resultan como queremos, podemos aceptarlo. Cuando sí lo hacen, también lo podemos celebrar. Porque la felicidad no depende de lo que nos ocurre cada día físicamente, en el mundo, o de los cambios que experimenta nuestro cuerpo. Nuestra felicidad viene de adentro, de la experiencia de interminables estados de conciencia, de éxtasis, de dicha, de luminosidad, de belleza, de amor —cosas que están dentro de nosotros. Si meditamos, nos hacemos conscientes de esto. Escalamos la montaña un poco más. Tal vez, vemos la vida de manera un poco más real. Limpiamos la ventana un poco mejor para que podamos ver a dónde vamos, y quizás esto hace las cosas más bellas y ciertamente más precisas.

Por lo tanto, te recomiendo que seas un ser iluminado, que sigas el sendero de la iluminación, para que aprendas a meditar y a practicar la atención total; y para que no te importe lo que los demás piensen acerca de ti, incluyéndote tú mismo, a menos de que sea algo muy positivo (Rama ríe).

Como sabes, he estado enseñado meditación y budismo durante muchas, muchas vidas, y en esta vida por muchos, muchos años. Y he aprendido algunas cosas —yo no pienso mucho en cosas, sino en pocas. Una de las cosas que he aprendido es que a muchas personas no les importa la iluminación y la verdad. Prefieren ver el canal de compras de la televisión, y tal vez ese sea otro tipo de iluminación y verdad. Pero a ti tal vez si te importe, y en realidad no importa si a los demás les interesa. Si tú eres a la única persona en el mundo interesada, entonces es algo que importa mucho para ti, y debes salir a encontrar un maestro de iluminación.

Es difícil hallar verdaderos maestros de iluminación. Por supuesto, los más populares generalmente no son iluminados, porque ¿cómo podrían serlo? Simplemente le dicen a la gente lo que quieren oír. Los que no son populares generalmente sí son iluminados, porque dicen la verdad, y ¿quién quiere escucharla? No la gente que ve el canal de compras de la televisión, sin intención de ofender a esa cadena, porque en el mundo de las autopistas interactivas y de multimedia, todos estamos viajando interactivamente hacia alguna parte y todos estamos comprando algo. ¿Qué es lo que estamos comprando? Nuestros sueños, nuestras esperanzas, nuestras ambiciones de lograr algo para nosotros mismos, para los que amamos, la desaparición de aquellos que no nos importan, esos pequeños escenarios que montamos interminablemente en nuestra mente —todo eso simplemente no importa. Es decir, por supuesto que nos importa en cierto momento, pero luego vemos hacia otra parte como un niño después de que ha llorado por la pérdida de un juguete y súbitamente se olvida de esto y está de nuevo feliz en un nuevo momento. Pues bien, así es la vida.

Pero la consistencia es agradable, eso creo personalmente. Me gusta estar consistentemente feliz. Me gusta estar consistentemente más atento y más consciente de la verdad. Esa es mi inclinación particular. Lo que me gusta acerca del budismo y de la meditación y de ser iluminado que, a propósito, es un proceso que no tiene fin, es que me da consistencia. No son las creencias de algunos que quieren imponérmelas por sus razones o por sus temores —ellos tienen que creer en esto— o por sus fantasías. Realmente no me importa nada de eso. Simplemente quiero saber.

Quiero saber cuáles son los límites, si hay alguno. ¿Qué puedo hacer con esto llamado vida? ¿Por qué todo el mundo es tan desdichado? ¿Hay otras opciones? Si las hay, quiero ejercerlas, y en efecto lo hago. Es por eso que empecé a estudiar hace muchas vidas; es por eso que enseño la meditación y el sendero hacia la iluminación, porque sé que hay otras personas que, como yo lo hice hace tiempo y continúo haciéndolo hoy, por supuesto, quieren escalar esa montaña hacia la luz más alta. Y como hubo otros hace mucho tiempo que fueron lo suficientemente amables para hacerme pasar ratos difíciles y permitirme estudiar con ellos, yo trato de expresar la misma cortesía budista enseñándoles a otros algo sobre el camino corto a la iluminación, el budismo tántrico, meditación y atención total. Esto es en lo que estamos interesados, en cómo ir más allá del dolor, del miedo y la limitación, en cómo experimentar esa luminosidad.

Bien, algunas sugerencias. Empieza por meditar. La meditación significa que te sientas cada día por un período de tiempo y no mueves el cuerpo. Te sientas bien quieto. Te sientas derecho. Practicas alguna técnica de meditación, por lo menos al empezar. Generalmente esto implica concentrarte en algo, enfocando la mente en una chakra, en un centro de energía de nuestro cuerpo, o a veces en algo externo, visualmente, con los ojos abiertos. Algunas personas utilizan mantras, palabras que repiten mentalmente o en voz alta. Algunos usan visualizaciones, manteniendo una imagen en la mente. Otros se enfocan en la respiración. Hay muchas maneras de hacerlo, pero el efecto es igual. Hacen que la mente este en silencio. Personalmente recomiendo meditar en las chakras. Este es el método corto.

Siéntate al principio por 15 minutos y después de cierto tiempo por media hora, 45 minutos o una hora de meditación y concéntrate como el maestro de meditación te instruyo. Si puedes hacerlo una vez al día es magnífico. Si lo haces dos veces es fabuloso.

Lee libros que te inspiren acerca de la meditación, budismo, hinduismo, taoísmo, o cualquier "ismo" que quieras. Si son claros, todos deben decir la misma cosa. Deben dirigirnos hacia lo más elevado, más brillante y más bello —a la iluminación. Y todo lo que nos inspire a meditar por la mañana, o por la noche, o a practicar la atención total durante el día es bueno. No me importa cómo se llame, quién lo escribió, si es popular o no, conocido o desconocido. Si te sirve, si te inspira a meditar, es bueno.

Ahora bien, leer libros sobre la iluminación no te hará iluminado en absoluto. Puedes leer todos los libros sobre la vida de los Budas y todas sus maravillosas percepciones, pero esto no te hará iluminado. Tienes que meditar por tu propia cuenta. Puedes leer sobre el levantamiento de pesas, o el atletismo, o la natación, pero esa lectura no producirá ningún efecto. Tal vez te lleve a un viaje mental. Puede que te inspire a empezar, pero en esto tiene razón el Buda: para llegar a ser iluminados necesitamos meditar. Es divertido. Realmente no es difícil. Es decir, supongo que es difícil, ¿pero no es más arduo ser infeliz y sentir dolor que ser felices y estar en éxtasis?

Supongo que el conocerse a sí mismo es difícil. Pero personalmente creo que el dolor es más difícil. Pienso que no tener esperanza es muy duro. Morir sin esperanza o vivir sin esperanza es muy duro. Permanecer exhausto, darte por vencido cuando las cosas no resultan a tu modo, suponer que Dios no existe, que no hay una luz infinita, creo que es bastante mezquino. Me he sentido así algunas veces. Creo que todos nos hemos sentido así. Nos frustramos. Pero cuando meditas cada día, te alejas de todo eso. Te renuevas. Toda esa energía maravillosa se desencadena dentro de ti, desde el centro profundo de tu ser, y fluye por tu cuerpo y mente, y te renueva. Te da la habilidad de luchar otra vez, de creer una vez más, de amar nuevamente, de escalar la montaña un poco más alto, y de lograr una nueva visión.

Eso es lo que realmente nos renueva, ¿no es así? Cuando súbitamente rompemos esas barreras, esas limitaciones y hacemos algo que nunca habíamos hecho. Eso es maravilloso. Entonces la energía nos inunda y se eleva nuestra conciencia. Eso es la meditación, y si la meditación no te produce eso —a pesar de que practicas— es porque no estas meditando. Estas sentados, pensando, tonteando y perdiendo el tiempo. Cuando te levantas después de una sesión de meditación debes sentirte mejor. Debes sentirte más optimista. Debes estar más brillante.

Al principio no serás muy consistente. Estas aprendiendo un nuevo arte. El primer día en que empiezas a estudiar un nuevo idioma no puedes hablarlo. Pero puedes aprender una palabra, y eso es un comienzo. Es divertido aprender una nueva lengua, es divertido aprender a meditar y también lo es sentirse mejor, con más esperanza y más sabiduría que antes.

Por lo tanto, la meditación no sirve si no la practicas. Lo principal es meditar. Al principio puede ser esporádica. Te levantas y meditas de vez en cuando. Pero si te gusta, volverás a ella y se convertirá en una práctica regular —y si no lo haces, entonces todavía no es tu hora.

La atención total es un poco diferente. Simplemente significa, por lo menos al principio, que a lo largo del día aprendemos a obtener control de la mente y de nuestras emociones. Cuando podemos enojarnos, no lo hacemos porque el enfado gasta una gran cantidad de energía, nos sentimos cansados y exhaustos y no hace que nadie se sienta mejor. Aprendemos a conservar energía en una variedad de formas simples y complicadas que aprendemos en la práctica budista para mantenernos en un estado mental agradable durante el día. Nos sentimos felices. No estamos completamente desgastados al final del día. Y si lo estamos, nos sentamos a meditar y escalamos la montaña un poco más arriba, y todo eso desaparece, y nos sentimos mejor de lo que tal vez nos hemos sentido todo el día, incluso en nuestra meditación de la mañana.

La vida en un círculo —eso es lo que creemos como budistas— o una serie de círculos que existen simultáneamente, y que nos movemos alrededor de un círculo por un tiempo; y si sabemos cómo, si somos hábiles en la meditación, podemos entrar en otro círculo y movernos a su alrededor. Nos movemos alrededor de estos círculos por siempre durante la eternidad, y somos esos círculos, y hay vacío dentro de ellos y más allá de ellos. Ahora mismo estamos en algún punto de la circunferencia de este círculo, viendo a través, viendo hacia atrás, después de haber pasado por algo y dirigiéndonos hacia algo.

La iluminación es un círculo. La meditación nos lleva a ese círculo. Con el tiempo nos lleva al centro del mismo y en algún punto nos convertimos en la iluminación misma.

La meditación es una práctica brillante y llena de esperanza mediante la cual aprendemos a silenciar nuestra mente de modo que la luz infinita y perfecta de la iluminación pueda fluir a través de nosotros. Nos despierta a la vida. Podemos vivir muchos años y muchas vidas y pensar que hemos visto todo; pero qué pensamiento tan absurdo es ése, porque no podemos haberlo visto todo —difícilmente hemos visto pocas cosas, porque que la vida continua por siempre. Eso es la vida. La iluminación no tiene fin.

Hay algo nuevo en cada momento, en todo momento. Pero si estamos en el mismo estado mental, entonces simplemente estamos auto reflejando. Sólo nos vemos a nosotros mimos en ese momento, y las cosas parecen apagadas, como grises y aburridas, lo cual significa que no estamos muy despiertos. ¿Lo estamos? Si por otro lado, en todo momento el mundo es brillante y luminoso, como, a propósito, ciertamente lo es, entonces estamos en una corriente continua de luz. Estamos en el sendero hacia la iluminación.

La meditación y la práctica de la atención total durante un período de tiempo te ayudaran a vivir en estados de luminosidad. Tener un buen maestro es muy importante, porque la práctica es bastante complicada, y a medida que se progresa se vuelve más sofisticada. Un buen maestro te confiere poder, te grita, no te dirá lo que quieres oír, sino te dirá la verdad acerca de cómo meditar, cómo organizarte, cómo desarrollarte completamente, cómo controlarte, cómo tener una imagen más positiva y luego cómo ir más allá de esa imagen a la perfección. Los buenos maestros no tienen fama de decirnos lo que queremos oír, y consecuentemente raras veces son populares, porque regularmente tienden a ofender por su mera presencia en la tierra, como parece suceder.

Realmente la gente no quiere saber la verdad. La verdad es que en el futuro todos estaremos muertos, todo lo que hacemos no tiene ningún sentido y todos los logros de la raza humana carecen de significado. Esa es la verdad. Si no lo creen, visiten Egipto o la antigua Grecia alguna vez y admiren esos templos maravillosos que ahora están reducidos a piedras desgastadas. A piezas de museo (Rama ríe). Y sin embargo, la iluminación es parte de eso. Ah, volvemos a los misterios budistas. El budismo es divertido. La iluminación es parte de él.

Esos momentos fueron hermosos, supongo, cuando estaban haciendo todo eso. Pero ya pasaron. Son transitorios. Y ninguno de esos momentos importa nada. Sin embargo, importaron alguna vez. Por lo tanto, tratamos de ser conscientes del momento, de este momento de la encarnación, en conciencia, en donde estamos vivos y experimentando lo que la vida pone delante de nosotros y a través de nosotros. E intentamos ser luminosos y positivos y entenderlo todo, pero todo es fugaz.

Nada dura. La juventud se desvanece. Las flores se marchitan. La pasión se acaba. Pero la vida misma continúa por siempre. Y cuando te das cuenta de eso, piensas: "Bueno, es mejor que aprenda a tratar con esto llamado vida, pues va a continuar por siempre; como vivo por siempre en una vida u otra o en un cuerpo u otro, es mejor que aprenda a hacerlo correctamente porque será mejor para mí". Creo que esta es una forma inteligente de ver las cosas. La meditación es algo que, cuando se aprende en esta vida, ese conocimiento te acompañará a tu próxima vida y de ahí en adelante.

Lo que ganas en conocimiento interno pasa de una vida a otra. No se desperdicia. A diferencia de esos edificios de piedra que se deshacen, tu conocimiento interno se queda contigo y pasa de una encarnación a otra. Regresa; es como una herencia.

Recordaras. Serás atraído de nuevo al sendero de la iluminación, a la meditación; y cuando empiezas a meditar otra vez regresa a ti el conocimiento de vidas pasadas. Tus logros, si quieres llamarlos así; el lugar hasta donde subiste a la montaña antes, gradualmente regresaras ahí, o quizás rápidamente. Luego continuaras desde ahí y seguirás adelante hacia el mundo de la luz, la iluminación y la brillantes —más allá del dolor, más allá de la frustración, más allá de la ilusión— está la luz perfecta, a la perfectísima luz sobre la cual nadie tiene un monopolio.

La meditación es el sendero hacia la iluminación, y les recomiendo que sigan tan lejos como puedan, hacia el éxtasis.

Biografía de Rama – Dr. Frederick P. Lenz

Rama —el Dr. Frederick P. Lenz— nació el 9 de febrero de 1950 en San Diego, California. A los tres años de edad su familia se trasladó a Stamford, Connecticut. Su padre trabajó como ejecutivo de mercadotecnia y más tarde sirvió como Alcalde de la ciudad de Stamford. Su madre fue ama de casa y estudiante avanzada de astrología. Su madre le contó al Dr. Lenz que, muchos meses antes de que naciera, supo que él iba a ser alguien excepcional.

"Cuando era muy pequeño, a los tres, cuatro o cinco años, yo entraba en el estado de samadhi, un estado de meditación muy elevado", recuerda el Dr. Lenz. "Salía al patio de la casa de mis padres, veía al cielo y me alejaba, me disolvía, me iba más allá de este mundo. Naturalmente, al crecer, nunca me di cuenta de que era esencialmente diferente de otros niños. Por supuesto, lo notaba, pero no sabía que otras personas no veían la vida de la manera que yo la veía".

El Dr. Lenz asistió a escuelas en el área de Stamford. Aunque él mismo se describía como un rebelde en la escuela secundaria, se destacó en la Universidad de Connecticut, donde se graduó en Literatura y Letras como especialización principal, y en Filosofía como especialización secundaria. En la universidad, fue aceptado como miembro de la Phi Beta Kappa y se graduó Magna Cum Laude. Después de obtener una beca muy codiciada del Consejo de Graduados del Estado de Nueva York, el recibió el grado de Maestría en Arte (M.A.) y el Doctorado (Ph.D.) en Literatura Inglesa de la Universidad Estatal de Nueva York, en Stony Brook,. Su disertación doctoral sobre el poeta Theodore Roethke fue dirigida por el poeta Louis Simpson, Ph.D., ganador del premio Pulitzer.

Durante los años en que seguía su educación académica, el Dr. Lenz se dedicó con profundo interés a la meditación y al estudio del descubrimiento personal. "Empecé a meditar formalmente a los 18 años y comencé a entrar en samadhi inmediatamente", recuerda. "Puedo recordar estar sentado en la cima de una montaña en el sur de California. Había estado meditando por mi propia cuenta durante unos seis meses. Había leído uno o dos libros al respecto. Los libros me hicieron recordar algo, estaba sentado al atardecer y me concentraba en el tercer ojo, y todo se quedaba muy quieto. Aparecían anillos de luz, y yo podía pasar por ellos. De repente, me encontraba fuera del tiempo y del espacio, más allá de la vida y de la muerte. Me disolvía por ¿una hora, una vida, la eternidad? No hay palabras para expresarlo. Y esta experiencia produjo en mí un cambio".

A los 19 años, el Dr. Lenz inició estudios formales con varios maestros de meditación. Durante este periodo escribió dos libros que obtuvieron el primer lugar en ventas, basados en su propia investigación: *Lifetimes, True Accounts of Reincarnation (1979); and Total Relaxation: The Complete Program for Overcoming Worry, Stress, Tension and Fatigue (1980).* [1] Durante la promoción de estos libros, apareció en numerosos programas de televisión y radio. Enseñó meditación y yoga en universidades de los Estados Unidos y otros países, representando a los maestros con quienes estudiaba.

Con el paso del tiempo, el Dr. Lenz decidió que había llegado el momento de enseñar por su cuenta. A principios de 1981 creó su propia escuela de budismo americano. Poniéndose a la disposición, a veces más de 200 noches al año, de quienes estaban interesados en "una vida buena y poco común". Él se embarcó en la enseñanza de los principios budistas y la meditación, llegando finalmente a enseñar a más de 100,000 personas.

Los primeros años de enseñanza, 1981 - 1988

Como estudiante, maestro y representante de la iluminación, el Dr. Lenz se describió a sí mismo como "innatamente tántrico". El término sánscrito "tantra" significa utilizar todo en nuestra vida para crecer. Es un sendero

---

[1] (ndt) *Vidas, relatos verdaderos sobre la reencarnación (1979),* y *Relajación total: programa completo para superar la preocupación, el estrés y la fatiga (1980).*

sofisticado donde no se evita la experiencia. El cuerpo de enseñanza del Dr. Lenz refleja su enfoque tántrico clásico. Desde los primeros años de sus enseñanzas no se limitó a impartir una estructura única de conocimiento. Más bien presentaba lo mejor de muchas tradiciones de enseñanza y constantemente incorporaba experiencias americanas actuales —libros, películas, excursiones, centros comerciales— como parte de su curso de budismo americano.

En 1981, cuando fundó su primera escuela, llamada Lakshmi, en honor de la diosa hindú de la armonía y la prosperidad, el tema principal fue la filosofía Vedanta, los caminos clásicos del yoga hindú: amor y devoción, sabiduría, acción y dar sin egoísmo. Al mismo tiempo, inició a sus estudiantes en las enseñanzas tibetanas y las del místico americano Carlos Castaneda.

En 1982, su nombre de maestro lo adoptó de la épica hindú, el *"Ramayana"*. "Rama es el nombre del guerrero iluminado que vivió hace miles de años en la India", explicó. "Realmente no sé si yo escogí el nombre o me fue dado. Un día estaba meditando en un acantilado viendo hacia el océano en el sur de California y estaba envuelto en un estado de meditación elevado. Cuando salí de la meditación y me hice consciente del mundo sensorial, del mundo alrededor mío, supe que tenía un nuevo nombre. Y el nombre fue 'Rama'".

Durante 1982, ofreció numerosos talleres de meditación públicos a audiencias cada vez mayores. Aunque había empezado su carrera de enseñanza con 15 estudiantes, en 1983 cerca de mil personas se habían registrado en sus seminarios. Al final de 1983, el Dr. Lenz disminuyó el número de estudiantes con quienes trabajaba directamente a poco menos de la mitad, pero continuó llevando a cabo frecuentes y populares talleres públicos.

El Dr. Lenz era un fuerte partidario de la publicidad. Su enfoque para llegar a las personas y darles la oportunidad de meditar con un maestro iluminado incluía usar anuncios de página entera, con fotos deslumbrantes y texto encaminado a retar y despertar la mente. Frecuentemente cerca de mil personas asistían a sus conferencias públicas, atraídas por su maestría de la meditación y sus insólitos anuncios.

En 1985, mientras continuaba enseñando en Los Angeles y San Francisco, el Dr. Lenz viajo a Boston con algunos de sus estudiantes. Temas recurrentes en sus pláticas con sus estudiantes y con el público eran la meditación, el éxito profesional, el balance espiritual, el proceso de renacimiento tibetano, el desarrollo psíquico y la iluminación de la mujer.

En 1986, mientras el Dr. Lenz planeaba una serie de conferencias públicas en el área de San Francisco, sintió que su enfoque ecléctico del descubrimiento personal se parecía más al zen budismo. Acompañado por uno de sus estudiantes viajó al Japón y se reunió con maestros de zen en Kyoto. Describió este encuentro así: "Cuando voy a visitar a mis hermanos monjes en el Japón y me siento con otros maestros de zen, y entro en los monasterios, y conozco al abad, tomo té con él y tenemos una discusión o permanecemos en silencio, ven mi cabello largo —mientras que ellos tienen su cabeza rapada, y ven mi ropa rara y mi expresión extraña— sienten no obstante el poder que emana por mi dedicación a la práctica, y entonces se sienten cómodos. No saben qué hacer exactamente, pero se dan cuenta de que tienen que aceptarme porque soy uno con la práctica".

El Dr. Lenz indicó que él mismo fue un koan extremo. Cuando entraba en el escenario en San Francisco, vestido en cuero negro, con anteojos de sol, tomando Coca Cola dietética, con cabello largo y rizado alrededor de su cabeza, muchas mentes se confundían — ¿cómo puede una persona así ser un maestro iluminado? Durante sus años de enseñanza, aquellos que no pudieron descifrar este koan no continuaron estudiando con él. Quienes permanecieron encontraron este koan difícil, fascinante y edificante.

A principios de 1988, el Dr. Lenz empezó a desplazar su programa de seminarios hacia la Costa Este de los Estados Unidos. Continuó enseñando en ambas costas, pero en los últimos meses de 1989 él mismo se consideraba un maestro con sede en Nueva York.

Los últimos años de enseñanza, 1989 – 1998

Con el traslado a Nueva York, vino un mayor énfasis en el éxito profesional y el enfoque la carrera profesional (particularmente en la ciencia de la computación) como una forma de meditación y atención completa, mientras al mismo tiempo se lleva una vida plena y equilibrada. En 1990, el Dr. Lenz empezó a enfatizar el zen budismo Tántrico, un enfoque que incluía el budismo vajrayana y el yoga tibetano como caminos a la iluminación que son más adecuados a la forma de vida occidental.

El Dr. Lenz describió los años de 1990 como una época de tremenda libertad. "Simplemente sean sinceros", aconsejaba. "Determinen dónde están ahora y dónde quieren estar, y luego utilicen todo su esfuerzo personal para hacer que ello suceda. Es una época excitante. Es tiempo de batalla — batalla y viajes y enseñanza y aprendizaje. Pero es una época abierta. ¿Quién puede pedir más?"

A principios de 1992, el Dr. Lenz percibió que una de las mejoras maneras para que sus estudiantes crecieran era que empezaran a enseñar por sí mismos, con la opción de invitar a sus estudiantes a una o más de sus conferencias. Muchos de los nuevos estudiantes subsecuentemente eligieron registrarse en el programa de seminarios que ofrecía el Dr. Lenz. Con esto una nueva generación de estudiantes empezó a asistir a los seminarios del Dr. Lenz. El nuevo grupo rápidamente ingresó en el acelerado programa de budismo americano del Dr. Lenz, equilibrando la meditación con la carrera, los viajes y la aventura. Adaptando sus enseñanzas a este grupo nuevo y más joven, el Dr. Lenz mostró cómo equilibrar el trabajo duro con el juego, practicando el buceo con sus estudiantes en las islas del Caribe, en las islas Fiji y en Hawaii; viajando con sus estudiantes a Europa, a los desiertos de California, al Suroeste Americano; asistiendo a bailes en algunos de los más elegantes lugares de Manhattan, incluyendo el vestíbulo del Centro Financiero Mundial y el museo Guggenheim. Todo el mundo bailaba.

Durante este periodo, el Dr. Lenz también escribió dos libros acerca de las enseñanzas budistas —el libro de primer lugar en ventas, *"Surfing the Himalayas"* (1995, St. Martin Press)[2] y la popular secuela *"Snowboarding to Nirvana"* (1997, St. Martin Press).

El Dr. Lenz creía que la música electrónica bañada con la energía de la iluminación podía ayudar mucho al estudiante aspirante. De 1987 a 1994, trabajando con el grupo musical Zazen, conjuntamente compuso y produjo 14 álbumes musicales, incluyendo *"Cañones de luz"*, *"Iluminación"*, *"Caimán azul"* y *"Samadhi"*. Estos álbumes tienen música dirigida al avance de la práctica de la meditación. Escuchando atentamente la música de meditación de Zazen y concentrándose en cada una de las notas, es el equivalente a una "meditación auditiva".

El Dr. Lenz también fue diseñador de software. Junto con quienes trabajaban en sus compañías, creó una amplia gama de productos útiles. Enfatizó la importancia del éxito profesional de sus estudiantes, diciendo: "Defino el éxito en la carrera como la utilización del trabajo para avanzar espiritualmente". Enfatizaba la ciencia de la computación, "porque si estudian la ciencia de la computación, se darán cuenta de que desarrollaran la mente. Esto fortificara mucho tu mente. Es literalmente como hacer ejercicios budistas todo el día". El Dr. Lenz introdujo activamente tecnologías y software educacionales, de cliente/servidor, de redes, para médicos, para operaciones bancarias, de cifrado y de Internet e intranet.

El Dr. Lenz logró excelencia en una variedad de difíciles deportes. "Los deportes y el atletismo son zazen", decía. "Son meditación, meditación en movimiento. Mientras uno corre en el campo o tira a la canasta, o coloca la bola de golf, derriba al oponente en artes marciales o simplemente compite uno consigo mismo, hay momentos atemporales y de éxtasis, retos y vacío". El Dr. Lenz mismo fue un ávido corredor, maestro de buceo certificado y buceador técnico,

---

[2] Fue traducido al español, *"En las cumbres del Himalaya"* (Javier Vergara Editor, S.A.)

snowboarder de clase mundial y cinturón negro en artes marciales.

Como filántropo, el Dr. Lenz fue contribuyente importante de la Radio Pública Nacional en Connecticut, donante y apoyador de la Unión de las Libertades Civiles Americanas, del Instituto Nacional de Cáncer, del Fondo para el SIDA, de Amnistía Internacional, del Museo Nacional de las Mujeres y las Artes en Washington, D.C., del Karate Shotokan, de la Sociedad Cousteau y de la Sociedad Audubon.

A pesar de todos sus logros el Dr. Lenz era humilde. Decía que la iluminación no era "especial" sino simplemente "diferente". La lista de sus muchos logros contrasta con el hecho de que su más grande logro fue en la conciencia. Alcanzó los estados más altos de conciencia en medio de numerosos obstáculos y nunca abandono su compromiso de enseñar y ayudar a otros. Llevo a cabo todas sus tareas con integridad, entusiasmo y con increíble un sentido del humor.

Rama —el Dr. Frederick Lenz— falleció en su casa el 12 de abril de 1998 en Long Island, Nueva York, dándoles a sus estudiantes otro poderoso koan para descifrar. Dio en herencia la mayoría de sus bienes a la Fundación Frederick P. Lenz para el budismo americano con el propósito de apoyar el desarrollo del budismo en América, "en el contexto en que yo lo he enseñado".

www.ingramcontent.com/pod-product-compliance
Lightning Source LLC
Chambersburg PA
CBHW061143040426
42445CB00013B/1520